1682
J.B. METZLER

Dieter Lamping

Kafka und die Folgen

J.B. Metzler Verlag

Zum Autor
Dieter Lamping ist Professor für Allgemeine und Vergleichende Literaturwissenschaft an der Universität Mainz. Veröffentlichungen zur Theorie und Geschichte der Lyrik, der jüdischen Literatur und der Weltliteratur. Zuletzt erschienen: Handbuch Lyrik (2. Auflage 2016).

Bibliografische Information der Deutschen Nationalbibliothek
Die Deutsche Nationalbibliothek verzeichnet diese Publikation in der Deutschen Nationalbibliografie; detaillierte bibliografische Daten sind im Internet über http://dnb.d-nb.de abrufbar.

ISBN 978-3-476-02653-8
ISBN 978-3-476-05544-6 (eBook)

Gedruckt auf chlorfrei gebleichtem, säurefreiem und alterungsbeständigem Papier

Einbandgestaltung: Finken & Bumiller, Stuttgart
(Foto: akg-images)
Typografie und Satz: Tobias Wantzen, Bremen
Druck und Bindung: Ten Brink, Meppel, Niederlande

J.B. Metzler ist Teil von Springer Nature
Die eingetragene Gesellschaft ist Springer-Verlag GmbH Deutschland
www.metzlerverlag.de
info@metzlerverlag.de

Inhalt

Für die Mit-Leserin

I.
»Zwei Ansichten« eines Schreibers

Zwei Möglichkeiten: sich unendlich klein machen
oder es sein. Das zweite ist Vollendung, also Untätigkeit,
das erste Beginn, also Tat.

(HadL, 105)

[1]

Im Sommer 1922 ging es Franz Kafka schlecht. Im fünften Jahr lungenkrank, war er seit dem vergangenen Herbst, mit immer neuen Attesten, vom Dienst befreit. Nachdem er noch einmal befördert worden war, beantragte er Anfang Juni die »vorzeitige Versetzung in den Ruhestand«. Am 31. wurde sie, mit Wirkung zum 1. Juli, bewilligt. Die folgenden Monate verbrachte er zur Erholung auf dem Land, zusammen mit seiner Lieblingsschwester Ottla und ihrer Familie, in Planá nad Lužnicí südlich von Prag. Eine seelische Erleichterung stellte sich aber nicht ein. Von Lärm und allerlei Ängsten geplagt, zeitweise schlaflos, erlitt Kafka einen »Zusammenbruch« (B, 431) nach dem anderen. Er fühle sich »wie ein verzweifeltes Tier in seinem Bau« (Briefe, 390), klagte er seinem Freund Max Brod, dem er ungefähr im Wochenabstand nach Prag schrieb, so auch am 30. Juli.

Brod hatte sechs Tage zuvor in einem Brief eine Begegnung mit dem Vater ihres gemeinsamen Freundes Felix Weltsch erwähnt, der ihm erzählt hatte, dass der alte Herr Kafka mit leuchtenden Augen »überall« von seinem Sohn schwärme. Dazu bemerkte Kafka nun trocken, die »Mitteilung des Herrn Weltsch« sei »wenig zwingend«, weil er offenbar überzeugt sei, *daß man den eigenen Sohn nicht anders als loben und lieben kann. In diesem Fall aber: was wären hier für Begründungen des Augenleuchtens. Ein heiratsunfähiger, keine Träger des Namens beibringender Sohn; pensioniert mit 39 Jahren; nur mit dem exzentrischen, auf nichts anderes als das eigene Seelenheil oder Unheil abzielenden Schreiben beschäftigt; lieblos; fremd dem Glauben, nicht einmal das Gebet für das Seelenheil ist von ihm zu erwarten; lungenkrank, hat sich die Krankheit überdies nach des Vaters äußerlich ganz richtiger Ansicht geholt, als er zum erstenmal für einige Zeit aus der Kinderstube entlassen, sich, zu jeder Selbständigkeit unfähig, das ungesunde Schönbornzimmer ausgesucht hatte. Das ist der Sohn zum Schwärmen.* (B, 401)

Wahrscheinlich hatte Brod seinen Freund nur aufmuntern wollen, als er ihm von der Begegnung mit dem alten Herrn Weltsch berichtete. Kafka reagierte darauf jedoch mit unnachsichtiger Strenge: indem er den Bericht prüfte. Unverkennbar ist die kühle Ironie, die seine Argumentation durchzieht. Sie trifft zunächst den Freund, der dem alten Herrn Weltsch Glauben schenkte, dann den alten Herrn Weltsch, der dem alten Herrn Kafka Glauben schenkte, schließlich auch den alten Herrn Kafka, der nicht glauben konnte, was er dem alten Herrn Weltsch erzählte. Letztlich aber richtet sich die Ironie gegen die Person, auf die sich alle diese Äußerungen beziehen: gegen Kafka selber.

Gegen das angebliche Lob setzt er das Bild, von dem er glaubte, dass seine Familie es sich tatsächlich von ihm mache und vielleicht nicht nur sie: das Porträt eines Gescheiterten. Dass seine Familie ihn nicht verstand, ja nicht verstehen konnte, bezweifelte Kafka nicht. Aber er wusste auch, dass er sie enttäuscht hatte, ja enttäuschen musste. All das, worauf sie hätte stolz sein können, hatte er nicht erreicht: ein dauerndes Auskommen in einem angesehenen Beruf, eine Frau und Kinder – und dazu war er nun auch unheilbar krank. Max Brod, den gläubigen Juden, erinnerte er, nebenbei, sogar noch einmal daran, dass er außerdem »fremd dem Glauben« sei – so als wollte er keinen Zweifel daran lassen, wer er sei und wer nicht.

Das, was man von ihm erwartet hatte, war Kafka allerdings nicht geworden, weil er es nicht gekonnt, sondern mehr noch weil er es nicht gewollt hatte. Er hatte geradezu darum gerungen, den Erwartungen vor allem seiner Familie nicht nachkommen zu müssen. Die Verzweiflung, die aus seinem Brief spricht, rührt denn auch weniger daher, dass ihm ein bürgerliches Leben nicht gelungen war. Ihn bedrückte, dass er durch den Verzicht darauf nicht erreicht hatte, was er sich stattdessen erhofft hatte: Erfüllung durch die Schriftstellerei. Wenn er von seinem »exzentrischen, auf nichts anderes als auf das eigene Seelenheil oder Unheil abzielenden Schreiben« spricht, dann gibt er nicht mehr nur das Urteil seiner Familie wieder. Es waren auch seine eigenen Zweifel, die Brod schon kannte.

Am 5. Juli hatte Kafka in einem gleichfalls langen Brief den Freund wissen lassen, wie er inzwischen über das »Schriftstellersein« (B, 384) dachte. »Das Schreiben«, führte er aus, »ist ein süßer wunderbarer Lohn« – aber der »Lohn für Teufelsdienst«. So, wie er es übe, sei es ein »Hinabgehen zu den dunklen Mächten«, eine »Entfesselung von Natur aus gebundener Geister, fragwürdige Umarmungen und was alles noch unten vor sich gehen mag« (ebd.). Es waren aber nicht nur die Abgründe des Lebens, in die er mit seinem Schreiben geraten war, sondern auch die eigenen. Das »Teuflische daran« sei »die Eitelkeit und Genußsucht, die immerfort um die eigene oder auch um eine fremde Gestalt – die Bewegung vervielfältigt sich dann, es wird ein Sonnensystem der Eitelkeit – schwirrt und sie genießt« (ebd., 385).

Doch wie verdächtig Kafka das »Schriftstellersein« auch inzwischen geworden war – aufgegeben hatte er es nicht. Tatsächlich hatte er noch Anfang des Jahres eine neue große

Arbeit in Angriff genommen: seinen dritten Roman »Das Schloß«. Erst Anfang September musste er, körperlich weiter geschwächt und seelisch zerrüttet, dem »Irrsinn« nahe, wie er Brod anvertraute, »die Schloßgeschichte offenbar für immer liegen lassen« (B, 413). Aber auch danach hörte er nicht auf zu schreiben. Sein letztes Buch, den Erzählungsband »Ein Hungerkünstler«, vollendete er erst im folgenden Jahr. Noch am Tag vor seinem Tod las er eine der Geschichten Korrektur.

Auch Kafkas Schreiben an Brod vom 30. Juli mag, in seiner Geste strenger Prüfung, etwas von einem »Advokatenbrief« haben (BaM, 85), wie er einmal seinen langen »Brief an den Vater« genannt hat. Was ihn aber von dem Text eines Juristen unterscheidet, neben der Bemühung um Wahrheit und Wahrhaftigkeit, ist der Stil. Wenn Kafka im Sommer 1922 auch an seiner ganzen Existenz zweifelte, tat er das doch nicht nur schreibend, sondern sogar *kunstvoll* schreibend. Sein bitter-ironisches Selbstporträt ist ein kleines sprachliches Kunstwerk. In jedem der sechs Teile, in die er seine Periode durch Semikola ordnend untergliederte, benennt er eine Seite seines Charakters. Der kürzeste ist der dritte, der nur ein Wort enthält, das umso mehr Gewicht trägt: »lieblos«. Der längste ist der sechste und letzte, der, seiner Erkrankung gewidmet, schon fast erzählend ist. Auf diesen langen Satz lässt Kafka wirkungsvoll einen kurzen als conclusio folgen. Man könnte beide aus dem Brief herauslösen und hätte einen der knappen pointierten Texte, die typisch für ihn sind.

So wohlgesetzt seine Worte auch sein mögen – ihr Sinn ist dennoch schwer zu fassen. Wenn Kafka sich einen »Sohn zum Schwärmen« nennt, spricht er offenbar ironisch. Doch welches Urteil über sich will er damit nahelegen? Soll ausgerechnet sein bester Freund annehmen, dass man ihn gar nicht »loben und lieben« könne? Ist die Aufrichtigkeit, die er in seinem Brief zeigt, seine sich selber nicht schonende Bemühung um

Wahrheit nicht gerade ein Grund, ihm Achtung, wenn nicht sogar Zuneigung entgegenzubringen?

Am 26. Juni hatte Kafka Max Brod wissen lassen, was es mit seiner Neigung, sich klein zu machen, seiner »Selbstverurteilung« (B, 375) auf sich habe: Sie ›sei‹ »Wahrheit« – also ein zutreffendes und ehrliches Geständnis – und zugleich »Methode«. Er trage sie nämlich absichtlich so vor, dass es für den, dem sie mitgeteilt werde, »kraft der Methode« unmöglich sei, »in sie einzustimmen« (ebd.). Das nannte Kafka die »zwei Ansichten« (ebd.) seiner Selbstkritik.

Was er mit den beiden Stichworten ›Wahrheit‹ und ›Methode‹ umschreibt, ist aber nicht nur eine raffinierte rhetorische Strategie, hinter der sich die psychologische List verbirgt, etwas so zu gestehen, dass man dafür nicht verurteilt wird. Es ist vielmehr auch Ausdruck einer tiefen Spannung: zwischen dem, was einer ist, und dem, was andere über ihn verlauten lassen, auch dem, was er selbst über sich sagt. In einer seiner Aufzeichnungen hat Kafka dargelegt, warum er überzeugt war, dass, entgegen der üblichen Vorstellung, jedes Geständnis die Wahrheit verfehle:

> *Geständnis und Lüge ist das Gleiche. Um gestehen zu können, lügt man. Das, was man ist, kann man nicht ausdrücken, denn dieses ist man eben; mitteilen kann man nur das, was man nicht ist, also die Lüge.* (HadL, 343)

Durch diesen unaufhebbaren Unterschied zwischen Sprechen und Sein entzieht sich für Kafka die individuelle Existenz den Worten, selbst den eigenen. Man kann sie im Schreiben nicht offenbaren. Versucht man es, muss man scheitern. Was man sagt, wird Lüge.

Gelegentlich bezweifelte Kafka sogar, dass Wahrheit überhaupt zur Sprache gebracht werden kann. »Wäre nur einer imstande«, schreibt er einmal, »ein Wort vor der Wahrheit zurückzubleiben, jeder (auch ich in diesem Spruch) überrennt sie mit hunderten« (ebd., 360). Doch auch diesen Satz kann man nicht einfach wörtlich nehmen. Indem Kafka ihn, mit der Bemerkung in Klammern, auf sich selber anwendet, verwandelt er ihn in ein Paradoxon. Unentscheidbar wird dadurch, was Wahrheit und was schon nicht mehr Wahrheit, also Irrtum oder Lüge ist. Der Satz hebt sich selbst auf.

Das Bild, das man von Kafka aus seinem Brief an Max Brod gewinnt, ist das eines Menschen, der sich auch dann noch in Frage stellt, wenn es andere nicht tun – und der in seinem Bemühen um Redlichkeit so weit geht, eigene Lügen aufzudecken, die keiner sonst erkennen kann. Er lebt offenbar in einer tiefen Spannung sowohl zu den Menschen um sich herum wie zu sich selber. Seine Sätze sind auch deshalb voller Zwei- und Mehrdeutigkeiten. Die Worte, die er benutzt, scheinen noch einen anderen Sinn zu haben als den, den man üblicherweise mit ihnen verbindet. Um ihn zu verstehen, muss man mitunter sogar das Gegenteil zu dem hinzudenken, was er schreibt. Schwierig, wenn nicht unmöglich wird es so, zu durchdringen, was er sagt, auch von sich. Es lässt sich nicht vollständig erhellen – nur annähernd, in einem Versuch der Beschreibung und des Verstehens, der es nicht überrennt, sondern, im besten Fall, ein Wort vor seiner Wahrheit stehenbleibt. Näher kann man ihr nicht kommen – soll es vielleicht auch nicht.

[2]

Von dem Prager Juden Franz Kafka, der im bürgerlichen Beruf als Versicherungsjurist arbeitete und ohne Nachkommen früh starb, wüsste man nichts, wäre er nicht genau das gewesen, was seine Familie kaum verstand und was er selbst, zumindest gegen Ende seines kurzen Lebens, verdächtig, wenn nicht verwerflich fand: Schriftsteller. In seinem Brief vom 30. Juli 1922 verwendet Kafka allerdings das Wort für sich nicht. Er spricht nur bescheiden-einfach von seinem »Schreiben«, das in den Augen seiner Familie nicht viel wert sei. Dass er nicht einfach nur für sich ›schrieb‹, sondern bis 1922 immerhin sechs Bücher veröffentlicht hatte, lässt er unerwähnt, vielleicht, weil er dem Freund gegenüber nicht deutlicher werden musste, vielleicht weil es ihm gerade nicht mehr viel bedeutete. Dabei ist es nicht nur das, was er als sein »eigentliches Leben« (Canetti, 26) begriffen hat. Gäbe es nicht seine Worte, wie er sie aufgeschrieben und, fast immer zögernd, zum Druck gegeben hat, man wüsste nichts von ihm. Sein »Seelenheil« mag das »Schreiben« nicht gestiftet haben, auch nicht immer sein Glück. Aber es hat ihn bis heute unvergesslich gemacht.

Nach der Formel des Horaz (Epistularum liber II, Vers 39: »Est vetus atque probus centum qui perficit annos«) braucht es hundert Jahre, bis ein Schriftsteller als Klassiker gelten kann. Dieses Maß der lebendigen Dauer hat das Werk Franz Kafkas erfüllt, der seine ersten Texte 1908 veröffentlichte und 1924 gestorben ist. Es ist in alle großen und zahlreiche kleine Literatursprachen übersetzt. Sein Lesepublikum zählt nach Millionen. Anhaltend ist die Faszination, die von seinen Erzählungen und Romanen ausgeht. Er scheint in ihnen eine Welt geschaffen zu haben, die so eigentümlich ist, dass man für sie ein Wort erfunden hat: ›kafkaesk‹. Neben Homer ist er einer der wenigen Autoren der Welt, aus dessen Namen man ein Adjektiv gebildet hat, das in die Umgangssprache eingegangen ist.

Kritiker streiten sich kaum noch über den Rang seiner Werke, sondern allenfalls über ihre Rangfolge untereinander. In jedem literarischen Kanon sind Texte von ihm zu finden. Keine Literaturgeschichte kann es sich leisten, seinen Namen auszulassen. Alles, was er hinterlassen hat, ist ediert und analysiert worden – und wird immer wieder neu interpretiert. Die Kafka-Philologie ist, mit manchmal 1000 Publikationen pro Jahr, ein üppig blühender Zweig der Literaturwissenschaft geworden.

Kafkas Bekanntheit ist allerdings längst über die Literatur hinaus gedrungen. Jeder Gebildete kennt zumindest seinen Namen, auch wenn er nichts von ihm gelesen hat. Tatsächlich ist er in vielen Bereichen gegenwärtig. Es gibt Kafka-Bilder und Kafka-Karikaturen, Kafka-Comics und Kafka-Filme, Kafka-Songs und Kafka-Opern, sogar Kafka-Briefmarken. Kafka ist heute eine Art literarisches Weltkulturerbe.

An diesen Ruhm hat man sich inzwischen so sehr gewöhnt, dass man leicht vergisst, wie wenig selbstverständlich es ist, dass ein körperlich schwacher, Jahre vor seinem Tod schon schwer kranker, seiner selbst unsicherer, an allem zweifelnder Mensch in einer vergleichsweise kurzen Zeit ein Werk hervorbringen konnte, das sich noch hundert Jahre später unter den großen der Weltliteratur behauptet – umso mehr, als es nach Auffassung selbst seiner gelehrten Leser schwer zu verstehen ist.

Das ist nicht das einzige Rätsel, das Kafka umgibt, aber sicher das größte, und es ist, über seinen Fall hinaus, auch eines großer Kunst: dass es unvollkommenen Menschen manchmal gelingt, etwas zu schaffen, das vollkommen scheint und eine Dauer besitzt, die weit über ihre Lebenszeit hinausreicht. Die Begabung, die sie dabei offenbaren, die Kraft und die Ausdauer, die sie dafür aufbringen, sind unvorhersehbar und durch ihre Herkunft, ihre Umgebung und ihre Zeit nie restlos zu erklären.

[3]

Kafka war Schriftsteller in einem starken, ganz eigenen Sinn, auch wenn es auf den ersten Blick nicht so scheinen mag. Zu Lebzeiten war er weder ein erfolgreicher noch ein bekannter

Autor. Seine Bücher erschienen in kleinen Auflagen; keines von ihnen erregte großes Aufsehen. Von ihrem Erlös hätte er sich nicht erhalten können. Auch deshalb – aber nicht allein deshalb – war er nie ›freier‹ Schriftsteller wie, seit 1923, sein Freund Max Brod. Kafka schrieb, bis zu seiner Frühpensionierung, immer nur nebenbei, nach der Büroarbeit.

Er war auch kein öffentlicher Intellektueller wie sein nur wenig älterer Zeitgenosse Hugo von Hofmannsthal, der sich in seinen Lesungen und Vorträgen vor zahlreichen Hörern, etwa in Prag, als literarischer Repräsentant des alten, habsburgischen Österreich darstellte. Kafka war ein Einzelgänger, der allenfalls für sich selber einstehen konnte, aber nicht für einen Staat, eine Kultur oder eine Religion. Am Literaturbetrieb seiner Zeit hat er kaum teilgenommen. Er lebte zurückgezogen; große Auftritte hatte er nicht. Er las, wenn überhaupt, nur vor kleinem Publikum und mied ansonsten die Öffentlichkeit. Und doch war er durch und durch Schriftsteller.

Während seines ganzen erwachsenen Lebens hat Kafka geschrieben, das meiste für sich, ohne die Absicht, es zu veröffentlichen. Die Literatur war nicht sein Beruf, auch nicht seine Nebentätigkeit, sie war sein Lebensinhalt. Kafka war ein Literaturmensch. Wenn er über sich sprach, hat er daran keinen Zweifel gelassen:

> *Alles, was sich nicht auf Literatur bezieht, hasse ich, es langweilt mich, Gespräche zu führen (selbst wenn sie sich auf Literatur beziehen), es langweilt mich, Besuche zu machen, Leiden und Freuden meiner Verwandten langweilen mich in die Seele hinein. Gespräche nehmen allem, was ich denke, die Wichtigkeit, den Ernst, die Wahrheit.* (T, 311)

Der Satz, 1913 aufgeschrieben, sagt fast alles über Kafka. Literatur bildete den Mittelpunkt seines Lebens – nicht die Familie, auch nicht der Vater, nicht die Freunde, auch nicht die Frauen. Kafka wollte in seinem Leben vor allem: schreiben.

Am deutlichsten hat er sich darüber zu seiner ersten Verlobten, Felice Bauer, geäußert. »Mein Leben besteht und bestand im Grunde von jeher aus Versuchen zu schreiben und meist aus misslungenen«, ließ er sie am 1. November 1912 wissen (BaF, 65). Und er fügte hinzu: »Meine Lebensweise ist nur auf das Schreiben hin eingerichtet und wenn sie Veränderungen erfährt, so nur deshalb, um möglicher Weise dem Schreiben besser zu entsprechen« (ebd., 66–67). Bei anderer Gelegenheit erklärte er Felice Bauer, »daß Schreiben meine einzige innere Daseinsmöglichkeit ist« (20.4.13, BaF, 367), ja dass »das Schreiben mein eigentliches gutes Wesen ist. Wenn etwas an mir gut ist, so ist es dieses« (ebd., 407). An der Aufrichtigkeit dieser Erklärungen lässt sich kaum zweifeln – wenngleich auch sie ihren Hintersinn haben: Mit ihnen warb Kafka um eine Frau, der er zugleich bedeutete, dass es in seinem Leben etwas Wichtigeres als sie gebe: sein Schreiben.

Dass es allerdings auch seinen Preis hatte, einen Preis, den mal er, mal andere zu zahlen hatten, wusste Kafka genau. Schon Anfang 1912 vertraute er dem Tagebuch an:

> In mir kann ganz gut eine Konzentration auf das Schreiben hin erkannt werden. Als es in meinem Organismus klar geworden war, daß das Schreiben die ergiebigste Richtung meines Wesens sei, drängte sich alles hin und ließ alle Fähigkeiten leer stehen, die sich auf die Freuden des Geschlechtes, des Essens, des Trinkens, des philosophischen Nachdenkens, der Musik zuallererst, richteten. Ich magerte nach allen diesen Richtungen ab. Das war so notwendig, weil meine Kräfte in ihrer Gesamtheit so gering waren, daß sie nur gesammelt dem Zweck des Schreibens halbwegs dienen konnten.
>
> (T, 229)

Mit der Verarmung des Lebens, die das Schreiben bewirkte, konnte Kafka sich allerdings nie ganz abfinden. So sehr er schreiben wollte – er sehnte sich auch immer wieder nach einem anderen Leben, einem einfacheren und gesünderen, das er zeitweise etwa in der Arbeit als Gärtner suchte.

Immer wieder wurde ihm die Literatur zweifelhaft. »Schriftsteller reden Gestank« (T, 11), lautet eine der ersten Aufzeichnungen aus seinem Tagebuch von 1910. Sieben Jahre später, als er über »Literatur, als Vorwurf ausgesprochen« nachdachte, notierte er sich nur lakonisch: »Die Lärmtrompeten des Nichts« (ebd., 523). Als er am 5. Juli 1922 Max Brod von seinen Bedenken gegen das »Schriftstellersein« berichtete, erwähnte er auch »eine schreckliche Todesangst«, zu der es führe. Ein Autor, schrieb er und meinte damit zweifellos sich selber, »hat schreckliche Angst zu sterben, weil er noch nicht gelebt hat« (B, 385). Kafka, so stellte Erich Heller fest, schwankte letztlich »zwischen dem leidenschaftlich angestrebten, ›selbstlos‹ dem Schreiben gewidmeten Leben« und »der Verdammung seiner Hingabe ans Schreiben« (Heller: Franz Kafka, 30). Über dieses ambivalent-gespannte Verhältnis zur Literatur ist Kafka nicht hinausgekommen. Das ändert allerdings wenig daran, dass er nichts so entschlossen betrieb wie das Schreiben. Das sind die ›zwei Ansichten‹ über sein ›Schriftstellersein‹.

II.
Die »Welt im Kopf«: Der Erzähler

Die Kunst fliegt um die Wahrheit, aber mit der
entschiedenen Absicht, sich nicht zu verbrennen.
Ihre Fähigkeit besteht darin, in der dunklen Leere
einen Ort zu finden, wo der Strahl des Lichts,
ohne daß dies vorher zu erkennen gewesen wäre,
kräftig aufgefangen werden kann.

(HadL, 104)

[1]

»Ich habe nie eine Zeile von diesem Autor gelesen, die mir nicht auf das eigentümlichste mich angehend oder erstaunend gewesen wäre«. Mit diesem Satz bedankte sich Rainer Maria Rilke am 17. Februar 1922, von Muzot aus, bei Kafkas Verleger Kurt Wolff für die Übersendung einiger Bücher aus dem Verlagsprogramm, unter denen auch der Erzählungsband »Ein Landarzt« war. Den meisten Lesern Kafkas, zumindest den begeisterten, dürfte es bei ihrer Lektüre genauso ergangen sein. Seine Erzählungen prägen sich ein, ob man sie mag oder nicht. Sie erstaunen selbst Kenner, und sie berühren auf ganz eigene, allerdings nicht unbedingt angenehme Weise. Wer Kafka gelesen hat, vergisst das nicht.

Was ihn als Autor unverwechselbar macht, ist nicht mit einem Wort zu sagen, wie die Rede vom ›Kafkaesken‹ suggeriert. Wie alles, was individuell ist, lässt es sich nicht auf einen Begriff bringen. Es beruht vielmehr auf verschiedenen Eigenschaften, auffälligen und weniger auffälligen, die zusammengenommen, eher als jede einzelne für sich, annähernd einen Eindruck von der Einzigartigkeit des Autors Franz Kafka geben können.

Er hat sich an unterschiedlichen Gattungen versucht: Er hat Gedichte, Aphorismen und ein Drama geschrieben, und er hat an drei Romanen gearbeitet. Veröffentlicht aber hat er fast nur Erzählungen. Seine Ansprüche an seine Texte waren hoch, und allein seine Erzählungen konnten sie erfüllen, allerdings auch nicht alle. Das verrät zumindest sein »letzter Wille hinsichtlich alles von mir Geschriebenen« (P, 317): »Von allem, was ich geschrieben habe, gelten nur die Bücher: Urteil, Heizer, Verwandlung, Strafkolonie, Landarzt und die Erzählung: Hungerkünstler« (ebd.) – von sieben Büchern, die er publiziert hat, also bloß fünf, von denen vier jeweils nur aus einer Erzählung bestehen, und die Titelgeschichte des letzten Erzählungsbandes. Folgt man Kafkas Selbsteinschätzung, dann muss man zuerst in diesen Erzählungen suchen, was ihn als Autor auszeichnet.

[2]

Am auffälligsten an Kafkas Erzählungen sind die unerhörten Einfälle. Ein Vater, der über seinen Sohn ein Todesurteil verhängt, das der umgehend an sich selber vollstreckt; ein Mensch, der eines Tages »zu einem ungeheuren Ungeziefer verwandelt« (E, 71) aufwacht; ein Apparat in einer »Strafkolonie«, der dem Verurteilten »das Gebot, das er übertreten hat, mit der Egge auf den Leib« (ebd., 205) schreibt; ein gebildeter und wohlerzogener Affe, der an eine Akademie schreibt; ein »Hungerkünstler« (ebd., 255), der, in einen Käfig gesperrt, vor Publikum »Schauhungern« (ebd., 261) betreibt; eine Maus, die singt: Das sind nur einige der Einfälle, die Kafka berühmt gemacht haben.

So einzigartig jeder von ihnen sein mag – im Ganzen lässt sich an ihnen die Eigenart der Einbildungskraft ablesen, der sie sich verdanken. Es sind Einfälle einer Phantasie, die tatsächlich »zu den dunklen Mächten« hinabgeht und in Abgründe schaut. Im ersten Augenblick rufen sie Beklemmung, ja Erschrecken hervor, ähnlich wie Albträume, mit denen sie immer wieder verglichen wurden. Sie wirken unheimlich und verstörend, manches scheint sogar »dem Wahnsinn nicht fern« (Heller: Franz Kafka, 23) zu sein, dabei eben auch so quälend, wie es diese Nähe, bewusst wahrgenommen, ist.

Wohlgefallen rufen die Einfälle Kafkas nicht hervor. Mit den Regeln der klassischen Ästhetik sind sie kaum in Einklang zu bringen. Sie gehören zu einer nicht mehr schönen Literatur, einer Literatur des Hässlichen, der er einige neue Möglichkeiten abgewonnen hat. Wenn es eine Stelle in seinem Werk gibt, die das fast überdeutlich bezeugt, dann ist es die einlässliche, dabei ganz gefühllos anmutende Beschreibung der Wunde des kranken Jungen in »Ein Landarzt«: »Rosa, in vielen Schattierungen, dunkel in der Tiefe, hellwerdend zu den Rändern, zartkörnig, mit ungleichmäßig sich aufsammelndem Blut, offen wie ein Bergwerk obertags«, »Würmer, an Stärke und Länge meinem kleinen Finger gleich, rosig aus eigenem und außerdem blutbespritzt« (E, 151).

Es sind viele »dunkle Mächte«, zu denen Kafka in seiner Phantasie hinabgestiegen ist. Nicht nur Krankheit und Gewalt gehören zu ihnen, wie in »Der Landarzt«, auch Einsamkeit, Verwirrung, Ohnmacht, Verzweiflung und Tod. »Kafkas Welt ist zweifellos eine furchtbare Welt«, hat Hannah Arendt bemerkt. Erstaunen mag, dass sie so, wie er sie dargestellt hat, furchtbar geblieben ist, nach allem Furchtbaren, was seither in der Welt geschehen ist. »Das Großartige dieser Kunst«, hat Hannah Arendt hinzugefügt,

> *liegt darin beschlossen, daß sie heute noch so erschütternd wirken kann wie damals, daß der Schrecken der »Strafkolonie« durch die Realität der Gaskammern nichts an Unmittelbarkeit eingebüßt hat.* (Arendt: Tradition, 96)

[3]

Die Handlungsmotive, zu denen Kafka seine Einfälle verarbeitet hat, sind durchweg phantastisch, nicht-wirklich oder genauer: nicht-realistisch. Allerdings sind sie das in unterschiedlichen Abstufungen. Manche sind ungewöhnlich, aber nicht unmöglich, wie ein Gerät, das Gebote auf menschliche Haut schreibt. Manche sind unwahrscheinlich, aber nicht undenkbar, wie der vom Vater verurteilte und verstoßene Sohn, der sich in seiner Verstörung selbst tötet. Manche aber sind nicht nur unwahrscheinlich, sondern unmöglich, wie der Mensch, der zum Ungeziefer mutiert.

Nicht nur ein Motiv, auch die Art seiner Verknüpfung kann nicht-realistisch sein: handlungslogisch oder psychologisch nicht oder nur unzureichend motiviert, wenig oder gar nicht wahrscheinlich. Ein Beispiel dafür ist der Anfang der Erzählung »Ein Landarzt«. Als der Arzt zu einem »Schwerkranken« gerufen wird, stellt er, bereits »reisefertig«, fest: »das Pferd fehlte, das Pferd« (E, 146). Er sieht sich um, stößt die Tür des Schweinestalls auf, findet dort einen »Mann, zusammengekauert in dem niedrigen Verschlag« (ebd., 147), der sich anbietet, anzuspannen. Er hat im Schweinestall gleich zwei Pferde zur Hand, »mächtige, flankenstarke Tiere«, sie schieben »sich hintereinander, die Beine eng am Leib, die wohlgeformten Köpfe wie Kamele senkend, nur durch die Kraft der Wendungen ihres Rumpfes aus dem Türloch, das sie restlos ausfüllten« (ebd.). Wie unwahrscheinlich diese Wendung des Geschehens ist, wird dem Landarzt später selbst deutlich: »›Ja‹, denke ich lästernd, ›in solchen Fällen helfen die Götter, schicken das fehlende Pferd, fügen der Eile wegen noch ein zweites hinzu, spenden zum Überfluß noch den Pferdeknecht‹« (E, 149).

Neben den phantastischen Motiven und der nicht-realistischen Verknüpfung gibt es in den Erzählungen Kafkas auch das Nebeneinander von phantastischen und realistischen Motiven. Der Sohn, der an sich selber das Todesurteil seines Vaters vollzieht, ist ein frisch verlobter Kaufmann; der Mann, der sich über Nacht in ein »Ungeziefer« verwandelt hat, ernährt als Handlungsreisender seine Eltern und seine jüngere Schwester. Beruf, Wohnung und Familie werden in der einen wie der anderen Erzählung durchaus realistisch dargestellt. Dass die phantastischen Motive in diese Welt integriert werden, macht einen Aspekt dessen aus, was man ›kafkaesk‹ nennt.

[4]

Der Realismus Kafkas ist vor allem ein Detailrealismus. Er liegt in der Genauigkeit, mit der einzelne Gegenstände, Situationen oder Vorgänge beschrieben werden – sei es die Hand der »Kleinen Frau« oder die Wunde des Jungen in »Ein Landarzt«. Die Welt seiner Erzählungen im Ganzen ist dagegen, im Unterschied zu den realistischen Romanen etwa Flauberts oder Fontanes, weitgehend unbestimmt. Das gilt zunächst für Ort und Zeit. Nur selten erfährt der Leser, wann und wo genau eine Geschichte spielt. Typisch sind vielmehr vage Zeitangaben wie »Es war an einem Sonntagvormittag« (»Das Urteil«, E, 53) oder »eines Morgens« (»Die Verwandlung«, E, 71). Selten, dass auf historische Ereignisse angespielt wird, wie in »Das Urteil« auf die russische Revolution von 1905 oder auf die »Kohlennot des Winters 1917–1918 in Prag« (BeK, 349) in »Der Kübelreiter«. In Kafkas Erzählungen wird meist »jeder offene Hinweis auf Historisches« (Adorno, 321) vermieden.

Genauso sparsam und vage wie die Zeit- sind die Ortsangaben. Nicht oft werden reale Orte oder Gegenden erwähnt wie in »Ein Bericht für eine Akademie« die »Goldküste« (E, 185) oder der Hagenbeck'sche Tiergarten in Hamburg. Dagegen wird nicht gesagt, wo die Strafkolonie liegt oder wo der Landarzt praktiziert, in welcher Stadt Gregor Samsa lebt oder in welcher »Oase« »Schakale und Araber« aufeinandertreffen (E, 160). Alle Geschichten Kafkas spielen nach Theodor W. Adorno »in demselben raumlosen Raum« (Adorno, 319). Dennoch haben sich manche seiner Räume eingeprägt, zumeist Innenräume. »Die Welt der Kanzleien und Registraturen, der muffigen, verwohnten Zimmer«, hat Walter Benjamin festgestellt, »ist Kafkas Welt« (Benjamin, 410). Solche Räume sind das Zimmer in »Das Unglück des Junggesellen«, die Wohnungen bürgerlicher Familien wie der Bendemanns und der Samsas oder das Krankenzimmer mit dem Jungen in »Ein Landarzt«.

Ähnlich unbestimmt wie Orte und Zeiten sind die Figuren Kafkas. Nicht alle haben überhaupt einen Namen wie Karl Roßmann, Georg Bendemann oder Gregor Samsa. Für manche verwendet der Erzähler nur Kürzel wie »Josef K.« oder »K.« Manche werden lediglich nach ihren Tätigkeiten benannt wie der Ich-Erzähler von »Der Fahrgast«, der »Reisende« und der »Offizier« (E, 199) in »In der Strafkolonie« oder der Landarzt in der gleichnamigen Erzählung. Der Leser erfährt nur wenig von ihnen, nicht einmal, ob sie groß oder klein sind, hell- oder dunkelhaarig, dick oder dünn. Kaum einer von ihnen hat eine Biographie. Sie werden meist unvermittelt bloß in bestimmten Situationen gezeigt wie der Landarzt während seines merkwürdigen Krankenbesuches oder der Reisende in der Strafkolonie. Aus ihren Gedanken und Gefühlen, die durchweg als gerade momentane mitgeteilt werden, ergibt sich kein umfassendes psychologisches Bild von ihnen.

Der Leser lernt auch bloß eine kurze Zeitspanne ihres Lebens kennen. Bei Georg Bendemann etwa ist es lediglich ein Nachmittag, allerdings der letzte in seinem Leben, beim Landarzt ein nächtlicher Krankenbesuch in einem zehn Meilen entfernten Dorf, dessen Dauer schwer zu bestimmen ist. Nur gelegentlich erstreckt sich die Handlung über einen längeren Zeitraum, im Wesentlichen nur in den drei Romanen und nur in einem, in »Der Verschollene«, ist eine Entwicklung der Figur erkennbar. Dass fast eine Lebensgeschichte erzählt wird wie in diesem Roman, stellt eine Ausnahme in Kafkas Werk dar.

Hannah Arendt hat das Personal der Erzählungen und Romane Kafkas treffend charakterisiert:

> *Die Menschen, unter denen sich die Kafkaschen Helden bewegen, haben keine psychologischen Eigenschaften, weil sie außerhalb ihrer Rollen, außerhalb ihrer Stellungen und Berufe gar nicht existieren; und seine Helden haben keine psychologisch definierbaren Eigenschaften, weil sie von ihrem jeweiligen Vorhaben – dem Gewinnen eines Prozesses, der Erreichung von Aufenthalts- und Arbeitserlaubnis und so weiter – vollkommen und bis zum Rande ihrer Seele ausgefüllt sind.* (Arendt: Tradition, 99)

»Zum letzten Mal Psychologie« (HaL, 51) heißt ein Aphorismus aus den von Max Brod so genannten »Betrachtungen über Sünde, Leid, Hoffnung und den wahren Weg«. Eine Maxime für den Autor war er nicht. Von einer »psychologisch-realistischen Schreibweise« (Muschg, 721) hat er sich tatsächlich bald abgewandt – und durchaus radikal. Nicht einmal auf psychologische Konsistenz hat er später mehr größeren Wert gelegt, wie schon »Das Urteil« erkennen lässt. Unmotiviert verwandelt sich der erst hilflose Vater in einen geradezu teuflischen Alten – und der anfangs mitleidige, dann ironisch-überlegene Sohn in ein gehorsames Werkzeug des väterlichen Willens.

Die Figuren Kafkas verbindet miteinander eine weitgehende Unsicherheit, die man existenziell nennen kann. Schon der Ich-Erzähler von »Der Fahrgast« in Kafkas erstem Erzählungsband »Betrachtung« gibt sie zu erkennen: »Ich stehe auf der Plattform des elektrischen Wagens und bin vollständig unsicher in Rücksicht meiner Stellung in dieser Welt, in dieser

Stadt, in meiner Familie« (E, 40). Unsicher zeigt sich dieser offenbar junge Mann nicht nur gegenüber den Menschen um ihn herum, zumal dem Mädchen, das an einer Haltestelle zusteigt. Er ist auch zutiefst seiner selbst unsicher:

> *Ich kann es gar nicht verteidigen, daß ich auf dieser Plattform stehe, mich an dieser Schlinge halte, von diesem Wagen mich tragen lasse, daß Leute dem Wagen ausweichen oder still gehn oder vor den Schaufenstern ruhn. – Niemand verlangt es ja von mir, aber das ist gleichgültig.* (ebd.)

Dass der Ich-Erzähler glaubt, sich nicht verteidigen zu können, ohne daß es überhaupt von ihm verlangt würde, verrät die Tiefe seiner Unsicherheit.

Er ist nicht die einzige Figur Kafkas, die sich in dieser Lage sieht. Auch Georg Bendemann durchläuft einen Prozess der Verunsicherung, an dessen Ende sein Selbstmord steht. Die Welt stellt Kafkas Figuren immer wieder vor Rätsel, die sie nicht lösen können: Sie ist ihnen undurchdringlich. Sie missverstehen, was geschieht, so wie der »Mann vom Lande« (E, 158) in »Vor dem Gesetz«, oder die Wahrheit wird ihnen verstellt wie in »Auf der Galerie«.

Durch ihre Unbestimmtheit sind die Figuren Kafkas weniger einprägsam als seine Motive. Was von den Figuren im Gedächtnis bleibt, ist oft nur das, was sie vor allem mit den nicht-realistischen Motiven verbindet: Georg Bendemann ist der Mann, der an sich selbst das Todesurteil seines Vaters vollzieht; Gregor Samsa ist der Mensch, der sich in ein Tier verwandelt hat. Wie wenig Kafka, im Unterschied zu den großen Erzählern des 19. Jahrhunderts, an der realistischen Darstellung psychologisch komplexer Charaktere gelegen war, zeigen die vielen meist namenlosen Tiergestalten seiner Geschichten vom Riesenmaulwurf über den forschenden Hund bis zur singenden Maus Josefine.

Die Mischung von realistischen und nicht-realistischen Motiven schafft eine eigentümliche Erzähl-Welt, die zugleich und untrennbar wirklich und unwirklich erscheint. Die Gesetze der uns vertrauten Welt, die wir die Wirklichkeit nennen, gelten in ihnen nur eingeschränkt. In der »imaginären Welt« Kafkas ist nach Erich Heller insbesondere »das Prinzip des zureichenden Grundes so gut wie abgeschafft« (Heller: Franz Kafka, 24). Was geschieht, wie unwahrscheinlich es auch sein mag, geschieht, ohne dass man sagen könnte, warum. Das Gesetz der Wahrscheinlichkeit, das die Erzählliteratur des 19. Jahrhunderts bestimmt hat, wird in Kafkas Welt aufgehoben.

Das mag wie ein typisch modernes Programm der Verfremdung klingen, das man auch von literarisch ganz anders ausgerichteten Autoren wie etwa einem Bertolt Brecht kennt. Bei Kafka hat allerdings das Fremdmachen der Wirklichkeit eine andere Wirkung. Bei Brecht dient es dazu, die interessegeleitete, also ideologische Entstellung der Wirklichkeit für den Leser oder Zuschauer kenntlich zu machen und aufzuheben. Bei Kafka führt das Fremdmachen zu einer fundamentalen Verunsicherung auch des Lesers. Kafka, so hat es Walter Muschg zugespitzt,

> *ist zugleich realistisch und imaginär. Das greifbare Reale ist bei ihm immer in höchster Präzision vorhanden, aber er schaltet damit nach Belieben. Das Bannende seines Erzählens liegt darin, daß er auf dem festen Boden beginnt, dann aber den Leser ruckweise ins Bodenlose fallen lässt.* (Muschg, 727)

[5]

Das hat wesentlich mit der Eigenart der Kafka'schen Erzähler zu tun. Die meisten seiner Geschichten werden aus der Ich- oder der Er-Perspektive erzählt: aus der Ich-Perspektive wie etwa »Brief an eine Akademie« oder »Schakale und Araber«; aus der Er-Perspektive wie etwa »Das Urteil« oder »Die Verwandlung«. Zwar gibt es in manchen Geschichten Kafkas Sätze, die man auktorial nennen kann, insofern sie nicht – mehr – aus der Sicht einer Figur gesprochen werden. Zu ihnen gehört der Schlusssatz von »Das Urteil«: »In diesem Augenblick ging über die Brücke ein geradezu unendlicher Verkehr« (E, 68). Im Ganzen ist für die Erzählungen Kafkas jedoch nicht ein auktorialer, sondern ein personaler Erzähler typisch, der nicht viel mehr weiß als seine Figuren – wenn er nicht sogar mit einer von ihnen identisch ist – oder der zumindest nicht zu erkennen gibt, dass er mehr weiß.

Seine Perspektive scheint begrenzt. Er beschränkt sich meist auf die Rolle eines Berichterstatters, der einfach hinnimmt, was geschieht oder geschehen ist und manchmal wie ein Sachbearbeiter seiner Geschichte anmutet. Auffällig ist sein Unbeteiligtsein. Weder das Todesurteil, das ein Vater über seinen Sohn spricht, noch die Verwandlung eines Menschen in ein Ungeziefer nötigen ihm eine Bemerkung ab. So unerhört die Begebenheiten sind, so teilnahmslos werden sie berichtet.

Ein unbeteiligter ist auch ein kalter Erzähler. Er hält innerlich Abstand von seinen Figuren. Was ihnen widerfährt, nimmt er zur Kenntnis; dass es ihn berührt, lässt er nicht erkennen. Er hütet sich davor, Mitleid zu zeigen. Sachlichkeit ist seine Haltung gegenüber allem, was geschieht. Was immer er zu berichten hat, er tut es unaufgeregt. Das scheint die Maxime zumindest des Autors Franz Kafka zu sein. Sie wird, ex negativo, gerade deutlich, wenn er Figuren von sich erzählen und sie ihre Empfindungen offenbaren lässt: erregt und verwirrt wie der Landarzt oder eifrig-selbstgefällig wie der Affe Ropeter. Durch die Ausstellung ihrer Gefühlsäußerungen werden beide Ich-Erzähler vom Autor der Lächerlichkeit preisgegeben.

Kafkas Erzähler halten aber nicht nur ihre Gefühle, sondern auch ihre Gedanken zurück. Was sie berichten, wird kaum kommentiert oder reflektiert. Sie fühlen sich nicht einmal dazu aufgerufen, zu erklären, was alles andere als selbstverständlich ist. Die Verwandlung Gregor Samsas z. B. hat bereits stattgefunden, wenn die Erzählung einsetzt. Wie es zu ihr gekommen ist, bleibt im Dunkeln; es wird nicht einmal danach gefragt. Auch die abrupten Wendungen, die der alte Bendemann dem Gespräch mit seinem Sohn gibt, werden genau festgehalten, aber mit keinem Wort erklärt – so als würden sie sich, wie die ungeheuerliche Verwandlung Samsas, von selbst verstehen.

[6]

Kafkas Erzähler lassen den Leser mit der Deutung des Erzählten allein. Nach der Lektüre fast jeder der Geschichten dürfte er sich, überrascht, nachdenklich, verwundert oder ratlos, fragen, was sie zu bedeuten hat. Sie alle scheinen sich der Auslegung nicht zu öffnen, sondern zu verschließen. Ihre Bedeutung geben sie auch nach wiederholter Lektüre nicht preis. Das Wiederlesen führt eher zur Fortsetzung als zum Abschluss der hermeneutischen Anstrengung.

Verstehenshilfen bietet Kafka dem Leser nicht. Das ist am Anfang und am Ende der Geschichten besonders deutlich. Herkömmlicherweise sind sie die Orte, an denen der Erzähler oder der Autor dem Leser zumindest Fingerzeige gibt, was es mit der zu erzählenden oder der eben erzählten Geschichte auf sich hat. Kafkas Erzählungen versagen solche Hilfe: schon am Anfang wie etwa in »Die Verwandlung«, wenn im ersten Satz etwas einfach nur behauptet wird, was allen Naturgesetzen widerspricht (»zu einem ungeheuren Ungeziefer verwandelt«, E, 71); oder erst am Ende wie in »Auf der Galerie«, wenn die Schilderung des Vorgangs mit einer Feststellung des Unwissens (»ohne es zu wissen«, E, 155) schließt. Unübersehbar ist diese Deutungsoffenheit dann, wenn eine Geschichte mit einer ausdrücklichen Frage endet, wie beim ›Fahrgast‹, der sich am Schluss nur wundert über das junge Mädchen, das mit ihm in der Straßenbahn fährt: »Ich fragte mich damals: Wieso kommt es, daß sie nicht über sich verwundert ist, daß sie den Mund geschlossen hält und nichts dergleichen sagt?« (E, 40)

Selbst wenn der Erzähler einmal dem Leser eine Lehre anzubieten scheint, ist damit noch nicht viel gewonnen – wie etwa das scheinbar klassische ›fabula docet‹ in »Kleine Fabel« zeigt. Die Maus, die, statt vor der Katze zu fliehen, auf sie zuläuft, wird am Ende von ihr belehrt: »›Du musst nur die Laufrichtung ändern‹, sagte die Katze und fraß sie« (BeK, 119). So offensichtlich wie die Schadenfreude der Katze ist die objektive Ironie ihres Rates, der für die Maus nicht mehr annehmbar ist: Ihr fehlt jede Gelegenheit, ihn noch zu befolgen. Ein Ratschlag ist er nur seiner grammatischen Form, aber nicht seiner pragmatischen Anwendbarkeit nach. Auch er ist Wahrheit – und zugleich Lüge. Was die Figur sagt, teilt der Erzähler nur mit. Die Lehre, die durch die Figur in der Fabel erteilt wird, ist nicht die Lehre der Fabel.

Zur Rätselhaftigkeit der Erzählungen Kafkas tragen noch weitere Momente bei. Immer wieder ist vor allem der Zusammenhang zwischen einem erzählten Faktum – wie der Verwandlung Gregor Samsas in ein Tier – und seiner Bedeutung (vgl. auch Heller: Franz Kafka, 22) offen. Wenn die erzählte Tatsache außergewöhnlich ist, steht für sie keine vorfindbare, allgemeingültige Interpretation zur Verfügung. Was heißen soll, dass sich ein Handlungsreisender in ein »Ungeziefer« verwandelt, lässt sich erst einmal nicht angeben: Noch niemand hat eine solche Erfahrung gemacht oder von ihr gehört. Auch das Muster, nach dem sich solche Metamorphosen in früherer Literatur, zumal bei Ovid, vollzogen, greift nicht. Bei Kafka gibt es insbesondere keine Götter, die Verwandlungen von Menschen in Tiere oder Pflanzen möglich machen. In seiner Exorbitanz verlangt das erzählte Faktum jedoch nach einer Interpretation. »Jeder Satz steht buchstäblich«, hat Adorno behauptet, »und jeder bedeutet. Beides ist nicht, wie das Symbol es möchte, verschmolzen, sondern klafft auseinander« (Adorno, 303–304).

In Kafkas Erzählungen werden die üblichen Bedeutungsstrukturen literarischer Genres aufgehoben. Selbst seine Parabeln, hat Walter Benjamin behauptet,

> *sind nicht Gleichnisse und wollen doch auch nicht für sich genommen sein; sie sind derart beschaffen, daß man sie zitieren, zur Erläuterung erzählen kann. Besitzen wir die Lehre aber, die von Kafkas Gleichnissen begleitet und in den Gesten K.s und den Gebärden seiner Tiere erläutert wird? Sie ist nicht da; wir können höchstens sagen, daß dies und jenes auf sie anspielt.* (Benjamin, 420)

Dass Kafka nicht zuletzt die gleichnishafte Rede verwirren wollte, zeigt sein kurzes Gleichnis »Von den Gleichnissen«, das Max Brod das aus dem Nachlass veröffentlichte. In ihm bleibt unentscheidbar, was nun »im Gleichnis« und was »in Wirklichkeit« gesprochen ist (BeK, 96).

Wenn in den Geschichten Kafkas lehrhafte Sätze formuliert werden, wie sie aus Parabeln oder Fabeln bekannt sind, kann sich der Leser fast sicher sein, dass er in ihnen nicht ihre Aussage hat, selbst wenn sie scheinbar abschließend formuliert werden. Nicht selten vermehrt ein solcher letzter Satz sogar nur die Vieldeutigkeit einer Erzählung. Der Aphorismus beispielsweise, mit dem »Ein Landarzt« endet: »Betrogen! Einmal dem Fehlläuten der Nachtglocke gefolgt – es ist niemals gutzumachen« (E, 153), ist ein Sinn-Angebot, das erkennbar uneigentlich, ironisch ist. Zwar nicht der (Ich-)Erzähler, wohl aber der Autor macht sich mit ihm einen Scherz auf Kosten des Landarztes – und des Lesers, der ihm seine Deutung glaubt. Von einem »Fehlläuten der Nachtglocke« kann angesichts des kranken Jungen nicht die Rede sein. Der letzte Satz passt kaum zu der Geschichte, die erzählt wurde: Offenbar versteht auch der Landarzt nicht, was ihm widerfahren ist.

Aber nicht erst der letzte Satz dieser Erzählung ist schwer zu deuten. Sie ist, schon in ihren Sprüngen, im Ganzen so wenig realistisch, dass sie vor allem Fragen aufwirft. Ist, wovon sie erzählt, überhaupt Wirklichkeit oder nur deren verzerrte Wahrnehmung in (einem von) uns? Ist die Geschichte in ihrer irren Logik lediglich nach der Art eines bösen Traums konstruiert oder ist sie selbst einer? Kann man sie überhaupt ernst nehmen – oder ist sie nicht vielleicht bloß ein zwar hintergründiger, aber derber Witz?

Ähnlich uneindeutig sind fast alle Geschichten Kafkas, gerade die berühmten. Sie zu ›entschlüsseln‹, ihre Bedeutung ein für allemal dingfest zu machen, will nicht recht gelingen. Auf jede Auslegung folgt eine neue, und alle sind letztlich unbefriedigend, vor allem wenn sie auf einfache Formeln aus sind. Susan Sontag hat solche interpretatorischen Verkürzungen, vielleicht selbst verkürzt, vorgeführt:

> Diejenigen, die Kafkas Werk als soziale Allegorie lesen, sehen in ihm Fallstudien der Frustration und des Irrsinns der modernen Bürokratie. Diejenigen, die es als psychoanalytische Allegorie lesen, sehen in ihm den verzweifelten Ausdruck von Kafkas Angst vor dem Vater, seiner Kastrationsangst, seines Gefühls der eigenen Impotenz,

seiner Traumhörigkeit. Diejenigen schließlich, die sein Werk als religiöse Allegorie lesen, erklären, daß K. in *Das Schloß* Zugang zum Himmel sucht, daß Josef K. in *Der Prozeß* von der unerbittlichen und geheimnisvollen Gerechtigkeit Gottes gerichtet wird ...

(Sontag: Kunst, 17)

Die Reihe dieser Vereindeutungen ließe sich leicht verlängern; es kommen ständig neue hinzu. Es hat nie an Auslegungen gemangelt, die die Rätsel der Geschichten Kafkas glatt auflösten. Nicht wenige seiner Interpreten dürften sogar davon überzeugt sein, ihn besser verstanden zu haben als er sich selber. Fast alle brechen jedoch den Prozess des Fragens nur ab, zugunsten einer Eindeutigkeit, die sich den Anschein des Wissens gibt. Dem Leser, der sich mit solchen vorschnellen Antworten nicht zufrieden gibt, bleiben dagegen nur Fragen.

Kafka hat offenbar, so Walter Benjamin, »alle erdenklichen Vorkehrungen gegen die Auslegung seiner Texte getroffen« (Benjamin, 421), aber nicht, um sie wie in einem Spiel künstlich zu verrätseln. »Die Grenze des Verstehens hat sich ihm auf Schritt und Tritt aufgedrängt« (ebd.), hat Benjamin von Kafka behauptet. Es gibt kaum eine Erzählung von ihm, die nicht Spuren dieser Erfahrung enthielte. Bei Kafka mag das Bemühen um Deutung deshalb vor allem »Insistenz vor dem Rätsel« (ebd., 302) sein. Seine Erzählungen bieten dem Leser eine Welt dar, die dazu auffordert, sie zu verstehen, sich am Ende aber dieser Anstrengung entzieht. Adorno hat das auf die Formel gebracht: »Jeder Satz spricht: deute mich, und keiner will es dulden« (ebd., 304).

Doch was bedeutet ›nicht dulden‹? Gewährt der Autor dem Leser keine Hilfe, weil er ihm die Aufgabe erschweren will – oder weil er sie für gar nicht lösbar hält? Will er, dass der Leser seine eigene Deutung findet – oder will er ihm deutlich machen, dass es keine gibt, die bestehen könnte? Ist der Sinn verborgen – oder ist er nicht vorhanden? Oder ist der Mensch in seiner Unzulänglichkeit nicht in der Lage, einen Sinn zu erkennen?

Die Fragen, die Kafkas Geschichten aufwerfen, führen zu »Überlegungen, die kein Ende nehmen« (Benjamin, 420), und sie schließen grundsätzliche Fragen des Verstehens ein. Soll man die Texte wörtlich nehmen – oder im übertragenen Sinn, sei es als Metaphern, sei es als Allegorien oder Symbole? Soll man vielleicht das eine mit dem anderen zu verbinden versuchen – eingedenk der Warnung Walter Benjamins, es gebe zwei »Wege«, »Kafkas Schriften grundsätzlich zu verfehlen«: die »natürliche Auslegung« und die »übernatürliche« (ebd., 425)? Wie soll der Leser einzelne Sätze, Schlusssätze etwa, verstehen, die für sich stehen können und doch in das Ganze des Textes kompositorisch eingefügt sind? Gelten die überkommenen Regeln der Hermeneutik noch für Kafkas Texte? Sind sie dem Verstand ganz zugänglich?

Offensichtlich verlangt Kafka seinen Lesern mehr ab, als es frühere Autoren mit ihren getan haben. Sie müssen nicht nur die vorderhand fremde Welt seiner Erzählungen und Romane begreifen, sondern auch die Art, wie er sie konstruiert hat. Hannah Arendt hat nachdrücklich als die Herausforderung jeder Deutung der Texte Kafkas beschrieben, dass sie mehr fordern als nur die regelgerechte Tätigkeit des Verstandes:

> Zu ihrem Verständnis bedarf der Leser der gleichen Einbildungskraft, die am Werke war, als sie entstanden, und er kann dies Verständnis aus der Einbildungskraft her leisten, weil es sich hier nicht um freie Phantasie, sondern um Resultate des Denkens selbst handelt, die als Elemente für die Kafkaschen Konstruktionen benutzt werden. Zum ersten Male in der Geschichte der Literatur verlangt ein Künstler von seinem Leser das Wirken der gleichen Aktivität, die ihn und sein Werk trägt. (Arendt: Tradition, 101)

[7]

Eigentümlich an den Texten Kafkas ist nicht nur die Fremdheit des Erzählten und die der Deutung offene Erzählung, sondern auch die Sprache. Sie fällt besonders in den Geschichten auf, denen kein ungewöhnlicher Einfall zugrunde liegt. In »Plötzlicher Spaziergang« etwa ist das zentrale Motiv denkbar banal (sozusagen real-banal): Ein Mann entschließt sich zu später Stunde, noch einmal spazieren zu gehen und, vielleicht, einen Freund zu besuchen. Auffällig ist die sprachliche Gestalt dieser Miniatur. Sie besteht nur aus zwei hypotaktischen Sätzen, einem langen, der sich über eine ganze Seite spannt, und einem kurzen von nicht einmal drei Zeilen. Von vergleichbarer Kürze und vergleichbarem Aufbau sind mehrere Texte Kafkas. Der bekannteste und eindringlichste dürfte »Auf der Galerie« sein, mit seinen gleichfalls zwei »langen und weitgeschwungenen« (Politzer: Der Künstler, 147), analog konstruierten, jeweils zweigeteilten Sätzen. Tatsächlich gibt es kaum eine andere Erzählung Kafkas, in der sich die sprachliche Konstruktion so deutlich präsentiert.

Der erste Satz ist eine konditionale Wenn-Dann-, der zweite eine kausale Da-Da-Periode, wobei der Hauptsatz jeweils durch einen Gedankenstrich eingeleitet wird. Der erste Satz ist im Konjunktiv, der zweite im Indikativ formuliert. Beide Sätze sind in sich gegliedert. Der erste reiht zwei lange Wenn-Sätze aneinander, die durch zwei Partizipialkonstruktionen erweitert werden; der zweite dreizehn durch Semikola voneinander abgesetzte Nebensätze, deren einleitende Konjunktion »Da« nur im ersten genannt wird, auf die ein vierzehnter, temporaler Nebensatz folgt.

Der Inhalt der beiden Sätze entspricht einander: In den Nebensätzen wird eine »Kunstreiterin« (E, 154) bei der artistischen Arbeit beschrieben, in den Hauptsätzen die allerdings deutlich verschiedene Reaktion eines ›jungen Galeriebesuchers‹ (vgl. ebd.) auf ihre Darbietungen. Zu dem Eindruck einer starken Durchgliederung und einer fast symmetrischen Ordnung kommt der einer Dichte, ja Gedrängtheit hinzu, der durch zahlreiche Adjektivkonstruktionen unterstützt wird.

Den stilistischen Ehrgeiz Kafkas verraten auch andere ähnlich hervorgehobene Sätze wie etwa der Beginn von »Der Kübelreiter«:

> *Verbraucht alle Kohle; leer der Kübel; sinnlos die Schaufel; Kälte atmend der Ofen; das Zimmer vollgeblasen von Frost; vor dem Fenster Bäume starr im Reif; der Himmel, ein silberner Schild gegen den, der von ihm Hilfe will.* (BeK, 120)

Dieser kunstvoll gebaute Satz aus sieben Teilen, die ohne Konjunktion aneinander gereiht sind, ist ein Sinnbild des Mangels. Ihm fehlt, was jeder wohlgebaute Satz besitzt: ein Prädikat. Er schildert nicht nur eine Not; er drückt sie durch Ellipsen und Inversionen auch aus, gedrängt und zunehmend drängend: auf Hilfe.

Die beiden Sätze von »Auf der Galerie« und der erste von »Der Kübelreiter« stellen mit ihrer ungewöhnlichen Syntax und Interpunktion geradezu Stil aus. Durch ihren kunstvollen Bau und ihre klar geordneten sprachlichen Bezüge mögen sie ein Beispiel für »grammatische Schönheit« (Proust, 71) sein, wie Marcel Proust sie bei Flaubert gefunden hat, einem der großen Vorbilder Kafkas.

Kunstfertigkeit und Klarheit sind nicht die einzigen Merkmale, die Kafkas Sprache – nicht immer, aber doch immer wieder – auszeichnen. Nicht weniger auffällig ist die Genauigkeit, mit der beschrieben wird. Schon der Anfang von »Auf der Galerie« verdeutlicht das: »Wenn irgendeine hinfällige, lungenkranke Kunstreiterin in der Manege auf schwankendem Pferd vor einem unermüdlichen Publikum vom peitschenschwingenden erbarmungslosen Chef monatelang ohne Unterbrechung im Kreise rundum getrieben würde« (ebd.). Das ist ein gewissermaßen sachlich vollständiger Satz: Jede der an der Darbietung beteiligten Parteien: die Reiterin, das Pferd, das Publikum, der Direktor, wird genannt und jeweils mit mindestens einem Attribut versehen. Die Präzision schlägt schließlich in eine Detailversessenheit um, wenn die Bewegung gleich dreimal gekennzeichnet wird: »in der Manege«, »im Kreise«, »rundum«.

Zu einer solchen Genauigkeit der Schilderung tragen auch Vergleiche bei, die jeweils durch ihre Platzierung hervorgehoben werden. Der eine steht am Ende der ersten Nebensatzkonstruktion: die Beschreibung der Beifall klatschenden Hände, »die eigentlich Dampfhämmer sind«; der andere am Ende des zweiten Hauptsatzes und damit des ganzen Textes: die Beschreibung des jungen Besuchers, der weint, »im Schlußmarsch wie in einen schweren Traum versinkend« (ebd., 155). Die beiden Vergleiche sind von unterschiedlicher Anschaulichkeit. Der zweite ist in die Metapher vom ›Versinken‹ im »Schlußmarsch« integriert, die weniger kühn ist als im ersten Satz die von dem »Spiel«, das sich »in die immerfort weiter sich öffnende graue Zukunft fortsetzte« (ebd., 154). In manchen Erzählungen sind solche Vergleiche sogar strukturbildend wie etwa in »Die Bäume«.

Oft ist Kafkas Sprache für ihre ›Reinheit‹ gelobt worden. ›Rein‹ mag sie in verschiedener Hinsicht erscheinen, schon weil er sie, wie Hannah Arendt schreibt, »von allen Experimenten und allen Manierismen ferngehalten« (Arendt, 88) und Jargon vermieden hat. Kafka ist erkennbar um sprachliche Richtigkeit bemüht – grammatische Fehler wie die Verwendung von »trotzdem« als einleitender Konjunktion eines Nebensatzes sind in seiner Prosa selten. Zudem umgeht er Fremdwörter – außer wenn sie eine Funktion erfüllen – ebenso wie Dialektausdrücke. Kunstwörter wie »Kübelreiter« oder »Hungerkünstler« verwendet er nicht oft.

Kafka mag als Sprecher einen harten böhmischen Akzent gehabt haben, wie einige seiner Freunde bezeugen. Doch in seiner Prosa verraten nur wenige Wörter wie etwa »Pawlatsche« im »Brief an den Vater« seine Prager Herkunft. Offenbar hat Kafka auf sprachliche Korrektheit viel Wert gelegt. Louis Begley hat, wohl etwas spöttisch, von Kafkas »hochdeutsche[m] Purismus« (Begley, 108) gesprochen – und ihn auf die »Prager Erziehung« (ebd.) zurückgeführt. Ein anderer Impuls mag dabei jedoch noch stärker gewesen sein.

Kafka war bis zuletzt ein treuer, ja eifriger Leser des Wiener Sprachkritikers Karl Kraus. Manches spricht dafür, dass er ihm auch ein Lehrmeister war, allerdings kein unbezweifelbarer. In einem Brief vom Juni 1921 an Brod erwähnt Kafka seine Lektüre einer »Literatur« genannten ›Operette‹ von Karl Kraus. Dabei kommt er auf dessen Polemik gegen das »Mauscheln« (B, 336) zu sprechen: auf den Kampf gegen Spuren des Jiddischen in der Sprache deutsch-jüdischer Autoren. Kafka lobt bei dieser Gelegenheit das Mauscheln: als »eine organische Verbindung von Papierdeutsch und Gebärdensprache« und als »ein Ergebnis zarten Sprachgefühls, welches erkannt hat, daß im Deutschen nur die Dialekte und außer ihnen nur das allerpersönlichste Hochdeutsch wirklich lebt« (B, 336 u. 337). In seiner eigenen Prosa hat Kafka offenbar sowohl das Mauscheln wie die Mundart vermeiden wollen. Seine Anstrengungen gingen auf sein ›allerpersönlichstes Hochdeutsch‹.

[8]

Der Schriftsteller Kafka komponiert nicht nur seine einzelnen Sätze mit großer Sorgfalt, sondern auch seine Texte. Besonders deutlich ist das, wenn sie schon äußerlich gegliedert sind. So ist es bei »Auf der Galerie« mit der durch einen Absatz markierten Zwei- oder in »Die Verwandlung« mit der durch Kapitelzählung gekennzeichneten Dreiteilung. Solche Markierungen mögen bei längeren Texten fast unverzichtbar sein; in kürzeren und erst recht in kurzen wie »Auf der Galerie« verraten sie den kompositorischen Ehrgeiz des Autors.

Das gilt auch für mehr oder weniger auffällige Korrespondenzen. Insbesondere Anfang und Schluss bezieht Kafka häufig aufeinander. »Ein Bericht für eine Akademie« beginnt mit der Anrede »Hohe Herren von der Akademie« (E, 184) und endet auch mit ihr. Neben solcher Wort- steht die Motivwiederholung wie etwa in »Das Urteil«. Der Fluss, vom dem es im zweiten Satz heißt, dass Georg auf ihn blickt, während er den Brief schreibt, ist eben das »Wasser«, in das er sich am Ende, wie der vorletzte Satz mitteilt, »hinabfallen« (E, 67) lässt. Auch einige Details, die am Anfang erwähnt werden: die »gelbe Hautfarbe« des Freundes, die »auf eine sich entwickelnde Krankheit hinzudeuten schien«, sein »Junggesellentum« (E, 53), die Briefe, die ihm Georg schreibt, schließlich dessen geschäftliche Erfolge werden alle in der Erzählung wieder aufgegriffen, sei es von Frieda, seiner Verlobten, oder vom Vater.

Manche Geschichten Kafkas enden mit pointiert-abschließenden Sätzen, nicht nur »Ein Landarzt«. Mit ähnlichen Zuspitzungen, sei es sprachlichen, sei es bildlichen, schließen Texte wie »Kinder auf der Landstraße« (»Wie könnten Narren müde werden.« E, 29), »Das Unglück des Junggesellen« (»einer Stirn, um mit der Hand an sie zu schlagen«, E 35) oder »Elf Söhne« (»Das sind die elf Söhne.« E, 178). Nicht selten wählt

Kafka allerdings auch ein erzählerisches Ende für eine Geschichte: den Tod der Hauptfigur wie in »Das Urteil«, »Die Verwandlung« oder »Ein Hungerkünstler«.

Die kompositorische Anstrengung des Erzählers Kafkas ist unabhängig von seinen Sujets. Selbst die Geschichten, die der »Gesetzlichkeit des Traums« (Muschg, 723) zu folgen scheinen, sind erkennbar komponiert. In »Ein Landarzt« etwa spannt sich der Handlungsbogen zwischen Ausfahrt und Heimkehr: vom Aufbruch des Arztes zu seinem Patienten am Anfang bis zu seiner Rückfahrt, die er am Ende unter allerdings ungewissen Aussichten antritt. Offenbar war Kafka daran gelegen, allen seinen Geschichten einen erkennbaren Aufbau und einen sinnfälligen Abschluss zu geben. Die Deutung der Texte erleichtert die kompositorische Geschlossenheit allerdings nicht.

[9]

Kafkas zu Lebzeiten selbst veröffentlichte Erzählungen sind durch verschiedene Schreibweisen bestimmt: die meditativernste, die spielerisch-komische und die traumhaft-irreale.

Manche seiner Texte haben einen deutlich meditativen Charakter, und zwar vor allem durch ihre Konzentration auf einen Gegenstand, einen Vorgang oder eine Figur, die sie zu ergründen versuchen. Das gilt etwa für die Parabeln, aber auch für manche ›Betrachtung‹ wie »Das Unglück des Junggesellen« oder »Ein Fahrgast«. Die berühmteste von ihnen dürfte »Die Bäume« sein: kaum länger als ein Aphorismus, dabei aber durch den Vergleich (»Denn wir sind wie Bäume«, E, 44) als Parabel ausgewiesen. Eigentümlich ist die ebenso kurze wie einprägsame Denkbewegung, die mit dem in vier Zeilen zweimal verwendeten Wort »scheinbar« als Resümee endet. Unklar bleibt, wie fest oder lose, wie verschiebbar die Baumstämme übereinander liegen. Der Schnee verdeckt und verbirgt, was es mit ihnen auf sich hat. Er verhindert, dass man den Dingen auf den Grund gehen kann. Das Parabelhafte liegt auf der Hand: Über die Erkenntnis des Scheins gelangt man nicht hinaus. Die Wahrheit erschließt sich nicht.

Die Eindringlichkeit der meditativen Texte rührt nicht nur von ihrer Konzentriertheit her. Kafkas »Bilder«, hat Walter Muschg festgestellt, »sind echt mystische Visionen, mit archaischem Blick geschaut« (Muschg, 724). Zu diesen ›Urbildern‹ (vgl. ebd.), die Kafkas Denken umkreist, gehören der Schnee, ebenso wie »der am falschen Ort endende Weg, das Sichverirren überhaupt«, »das plötzliche Eintreten eines Unbekannten, die Bedrohung durch eine schreckliche, fremde Macht«, »der Kampf, die Einsamkeit, das Gerichtetwerden« (ebd.).

Das Ernst-Meditative gibt den Texten Kafkas einen forschenden und suchenden Ernst. Er scheint umso größer zu werden, je mehr er auf Rätsel stößt. Der Leser wird durch ihn aufgefordert, sich der Sinn- und Wahrheitssuche anzuschließen, über das Erzählte nachzudenken, ja darüber hinaus weiterzudenken. Von der Landarzt-Geschichte in ihrer Rätselhaftigkeit z. B. wird er kaum annehmen, sie handele nur von dem, was sie vorgibt: von den Beanspruchungen eines Mediziners durch einfache Leute auf dem Land bei einem nächtlichen Krankenbesuch. Aber worum mag es in ihr sonst gehen? Um die Frage beantworten zu können, ist der Leser auf seine eigenen Gedanken angewiesen, die in der Weise der reflektierenden Urteilskraft zu dem Besonderen der Geschichte etwas Allgemeines suchen. Sie können sie etwa zu dem Problem des Beistands führen: zu den Irrtümern und Verirrungen eines Helfenden oder zur Aussichtslosigkeit des Helfens.

Für ein solches denkendes Lesen bieten sich die meditativen Texte Kafkas, seien sie nun mehr parabolisch, mehr aphoristisch oder mehr erzählend, oft schon durch ihre offensichtlichen Themen an wie etwa das Alleinsein (»Das Unglück des Ungesellen«), die Sehnsucht (»Wunsch, Indianer zu werden«), das »Unglücklichsein«, die Abgründe der Familie (»Das Urteil«), die Zweideutigkeit der Kunst (»Auf der Galerie«) oder die Unzugänglichkeit des Gesetzes (»Vor dem Gesetz«). Sie tun das allerdings immer auf eine so schwer ergründliche, mitunter wie etwa in »Das nächste Dorf« auch paradoxe Weise, dass die Reflexion kaum zum Abschluss gelangen kann. Nicht ohne Grund hat Adorno Kafka den »Paraboliker der Undurchdringlichkeit« (Adorno, 311) genannt. Dass seine ernsten Erzählungen in ihrer Deutungsoffenheit solche Möglichkeiten des Nach- und Weiterdenkens eröffnen, macht ein wesentliches Moment ihrer außerordentlichen Wirkung aus.

Das Ernst-Meditative hat Walter Muschg das »Element Kafkas« (ebd.) genannt. Es ist allerdings nicht sein einziges. Manche seiner Texte haben auch einen spielerisch-komischen Zug. Das berühmteste Beispiel dafür ist in der Geschichte »Die Sorge des Hausvaters« das Zwirnspulenmännchen Odradek, das, beweglich und unbestimmt, nicht zu fangen ist – ein weiterer, eher skurriler Einfall Kafkas. Auf die Frage, wo es wohne, antwortet es: »›Unbestimmter Wohnsitz‹ [...] und lacht; es ist aber nur ein Lachen, wie man es ohne Lungen hervorbringen kann« (E, 171).

Kafka spielt nicht nur mit Gegenständen wie eben einer Zwirnspule oder einem Kübel, auf dem geritten wird, sondern auch mit Worten. Selbst in einer letztlich düsteren Erzählung wie »Das Urteil« finden sich Wortspiele. Der Vater beginnt seine Tiraden, indem er ein Spiel mit dem Ausdruck ›zudecken‹ macht. Der Sohn erlaubt sich einen Scherz damit, dass der mit seiner Macht prahlende Vater »Sogar im Hemd«, nämlich im Nacht- oder Unterhemd, »Taschen« habe (E, 124).

Viele Geschichten Kafkas sind, durchgängig oder stellenweise, komisch. Das gilt auch für die unter ihnen, die zumeist ganz ernst genommen werden, wie »Die Verwandlung«, in der es nicht nur eine komische Szene gibt. Die »Bedienerin« (E, 124) öffnet morgens die Tür zu Gregors Zimmer und ruft ihn, das ›ungeheuere Ungeziefer‹, mit den Worten »›Komm mal herüber, alter Mistkäfer!‹« (ebd., 125). Als Gregor sich einmal »wie zum Angriff« auf sie zubewegt, nimmt sie einen Sessel hoch, den sie offenbar auf seinen »Rücken niederschlagen« will. Doch Samsa weicht zurück. »›Also weiter geht es nicht?‹ fragte sie, als Gregor sich wieder umdrehte, und stellte den Sessel ruhig in die Ecke zurück« (E, 125).

Die Komik in den Erzählungen ist nicht auf die Groteske beschränkt, wie sie »Die Verwandlung«, aber nicht nur sie, kennzeichnet. Viele Erzählungen Kafkas sind von Ironie grundiert. Ironisch ist die Konstellation – und mit ihr objektiv die Sprache – Ropeters, der für eine wissenschaftliche Akademie darzulegen versucht, wie »ein gewesener Affe in die Menschenwelt eingedrungen ist« (E, 185). Ironisch ist auch die Schilderung des Hungerkünstlers als eines Schaustellers, die mit dem Satz beginnt: »In den letzten Jahrzehnten ist das Interesse an Hungerkünstlern sehr zurückgegangen« (E, 255). Ironisch ist schließlich die Geschichte der singenden Maus Josefine, von der es gleich am Anfang heißt: »Wer sie nicht gehört hat, kennt nicht die Macht des Gesangs« (E, 268). Das hindert die Erzähler aber nicht daran, wenig später zu fragen: »Ist es denn überhaupt Gesang? Ist es nicht vielleicht doch nur ein Pfeifen?« (E, 269).

Manche Geschichten Kafkas, wie ernst sie auch erscheinen mögen, enden mit einem Witz. Der Hungerkünstler gibt schließlich, dem Tod nahe, das Geheimnis seiner ›Kunst‹ preis: »weil ich nicht die Speise finden konnte, die mir schmeckt. Hätte ich sie gefunden«, erklärt er dem Aufseher, »glaube mir, ich hätte kein Aufsehen gemacht und mich vollgegessen wie du und alle« (E, 267). In »Schakale und Araber« fallen am Ende die Schakale über ein totes Kamel her. Der Ich-Erzähler hält aber dem Führer den Arm fest, als er ansetzt, die Tiere auszupeitschen:

> *»Du hast recht, Herr«, sagte er, »wir lassen sie bei ihrem Beruf; auch ist es Zeit aufzubrechen. Gesehen hast du sie. Wunderbare Tiere, nicht wahr? Und wie sie uns hassen!«* (E, 165)

Kafkas Geschichten mögen Leser bedrücken, verwirren, vielleicht abstoßen. Aber immer wieder bringen sie sie auch zum Lachen. Hannah Arendt hat die Komik seiner Texte allerdings jenseits von Spaß und Vergnügen gesehen. Das »Lachen«, das ihnen zugrunde liegt, fast immer das des Erzählers, ist für sie vielmehr »unmittelbarer Ausdruck jener menschlichen Freiheit und Unbekümmertheit, die versteht, daß der Mensch mehr ist als sein Scheitern, schon weil er sich eine Verwirrung ausdenken kann, die verwirrter ist als alle wirkliche Konfusion« (Arendt: Tradition, 104).

»Spielfreude«, »heitere Anmut« und »versteckte Ironie« hat Walter Muschg als »Merkmale« der Prosa Kafkas beschrieben (Muschg, 732), die sie neben ihrem Ernst kennzeichnen. Durch sie schwebe über seinen Büchern »eine feinste rätselhafte Heiterkeit« (ebd., 733). Nicht jeder Leser Kafkas hat das bemerkt. Es gehört nicht nur zur Eigenart der Ironie, dass sie ihrer Zweideutigkeit wegen oft gar nicht erkannt wird. Auch ›feinste Heiterkeit‹ erschließt sich nicht jedem, besonders in Texten, die bei der ersten Lektüre zumeist einen ganz anderen, sehr viel ernsteren, mitunter sogar düsteren Eindruck erwecken. Gleichwohl gehört die komische Darstellung in Kafkas Erzählungen nicht nur zu seinen Strategien der Distanzierung – wie es etwa für die Ironie gilt, von der schon Sören Kierkegaard gesagt hat, sie sei »schlechthin nicht gesellig« (Kierkegaard, 59). Humor und Witz, die Freude an Späßen und das Vergnügen am Lachen gehören auch bei Kafka zu einer souveränen Haltung gegenüber der Welt, und sei es nur der erzählten.

Manche der Texte Kafkas haben schließlich auch einen traumhaft-irrealen Charakter, vor allem durch bestimmte nicht-realistische oder phantastische Motive und ihre ebenso unwirkliche Art der Verknüpfung, die nicht der gewöhnlichen Logik folgt. Mitunter sind sie ausdrücklich als von einer Figur geträumt ausgewiesen wie »Ein Traum« (»Josef K. träumte«, E, 180). Sie können aber auch nur wie Träume gestaltet sein wie »Ein Landarzt«. Dass das seltsame Erlebnis des Arztes bloße Vorstellung ist, verrät etwa die unrealistisch kurze Dauer einer Kutschfahrt über angeblich »zehn Meilen«: »als öffne sich unmittelbar vor meinem Hoftor der Hof meines Kranken, bin ich schon dort« (E, 148). In solchen Fällen lässt sich von einem »onirischen Erzählmodell« sprechen, das »dem Traum abgeschaut« (Engel 2006, 253) ist, sei es dem Tag- oder dem Nachttraum. Allerdings sind solche Texte, selbst im Fall von »Ein Traum«, nicht einfach Protokolle von Träumen Kafkas. Was sich an ihnen dem Traum verdanken mag, ist immer nur Material, das einer künstlerischen Bearbeitung unterworfen wird.

Das Traumhaft-Irreale ist bei Kafka meist mit Schrecklichem verbunden. Auffällig sind die seelischen und körperlichen Grausamkeiten, die manche traumhaften Erzählungen so unerhört erscheinen lassen: von dem durch den Vater über den Sohn ausgesprochenen Todesurteil in »Das Urteil« bis hin zur Foltermaschine der Strafkolonie. Gehäuft begegnen die geradezu schmerzhaften Motive in der unwirklichen Welt des »Landarztes«: angefangen bei dem brutalen Pferdeknecht, der offenbar das Dienstmädchen des Arztes vergewaltigen will, bis hin zu der als Chorliedchen vorgetragenen Drohung der Dorfbewohner, den Arzt zu töten, wenn ihm die Heilung nicht gelingt.

Das Ernst-Meditative, das Spielerisch-Komische und das Traumhaft-Irreale machen im Wesentlichen das Repertoire der Kafka'schen Schreibweisen aus. Jede von ihnen kann in einem Text dominant sein. Genauso gut können sie aber auch zusammen auftreten und sich zu einer kaum trennbaren Einheit verbinden. »Ein Landarzt« etwa liest sich wie ein schwerer Traum, ein Schreckens- und Alptraum. Der Eindruck einer beklemmenden, Angst machenden Schwere mag bei der Lektüre beherrschend sein. Doch auch solche Erzählungen haben ihre komischen Züge. In »Ein Landarzt« bedient sich der Autor eines Verfahrens objektiver Ironie, wenn er etwa das Selbstmitleid des Landarztes der Lächerlichkeit preisgibt:

> *So sind die Leute in meiner Gegend. Immer das Unmögliche vom Arzt verlangen. Den alten Glauben haben sie verloren; der Pfarrer sitzt zu Hause und zerzupft die Messgewänder, eines nach dem andern; aber der Arzt soll alles leisten mit seiner zarten chirurgischen Hand.*
>
> (E, 151)

Kafka war, neben vielem anderen, auch ein listiger Autor.

[10]

Wie die Persönlichkeit Kafkas ist auch seine Kunst von Spannungen gekennzeichnet. Unübersehbar ist die Kluft, die sich zwischen Erzähltem und Erzählung auftut. Die Genauigkeit, mit der einzelne Gegenstände oder Vorgänge geschildert werden, unterscheidet sich von der sonstigen Unbestimmtheit der erzählten Welt. Das mitunter geradezu unerschütterlich unbeteiligte Erzählen hebt sich deutlich von der Dramatik mancher Geschichte ab. Die kommentarlose Selbstverständlichkeit oder selbstverständliche Kommentarlosigkeit der Berichterstattung steht gegen die Ungeheuerlichkeit manches Geschehens. Die kompositorische Geschlossenheit vergrößert noch die hermeneutische Offenheit. Die Schönheit der Sprache kontrastiert mit der Hässlichkeit der Motive.

Kafka hat mit diesen Diskrepanzen an einer Modernität teil,

wie sie etwa als Auseinandertreten von Form und Inhalt seit Charles Baudelaires »Les fleurs du mal« vertraut ist. Allerdings haben die ästhetischen Diskrepanzen in Kafkas Erzählungen verschiedene Funktionen. Dass sie die Wahrnehmung des Lesers fesseln und steuern, etwa auf das Dargestellte in seiner Eigentümlichkeit lenken, hat Vladimir Nabokov behauptet. »Seine Klarheit, seine genaue und formstrenge Aussage steht in eklatantem Gegensatz zur Alptraumthematik seiner Erzählung«, hat Nabokov über Kafkas Stil in »Die Verwandlung« geschrieben: »Die Durchsichtigkeit seines Stils betont den dunklen Reichtum seiner Phantasiewelt« (Nabokov, 352).

Die Diskrepanzen zwischen Dargestelltem und Darstellung können aber auch eine starke emotional-affizierende Wirkung haben. »Aufwühlende, furchtbare Dinge werden in einer Sprache von kühler Ruhe und sachlicher Klarheit erzählt«, hat Walter Muschg bemerkt: »Die unerhörte Wirkung beruht auf diesem Gegensatz« (Muschg, 715). Adorno hat geradezu von der Schockwirkung der Diskrepanzen gesprochen – und hinzugefügt: »Nicht das Ungeheuerliche schockiert, sondern dessen Selbstverständlichkeit« (Adorno, 307).

Unübersehbar ist schließlich auch, dass die Diskrepanzen in den Erzählungen Kafkas den Leser zu erhöhten Verstehensanstrengungen (vgl. dazu auch Anz, 9–13) zwingen. Seine Erzählungen stellen durch ihren Verzicht auf Erklärungen, Deutungen und Urteile den Leser vor Fragen, die durch die Zurückhaltung des Erzählers zu Rätseln werden. Kafka ist in der Klassischen Moderne der Erzähler, der dem Leser den größten Interpretationsspielraum lässt. Das hat seine Rezeption geprägt: Zu wenigen Texten gibt es so viele unterschiedliche Deutungen wie zu denen Kafkas.

In all diesen Diskrepanzen, die mal als Spannungen, mal als Widersprüche verstanden worden sind, hat man Kafkas Modernität erkannt. Man kann sie geistesgeschichtlich verstehen, wie es etwa Erich Heller getan hat. »Kafkas Geist«, hat er behauptet,

> *ist der Geist des modernen Menschen – sich selbst genügend, intelligent, skeptisch, ironisch, wohlgeübt für das große Spiel, die positivistisch erfassbare Wirklichkeit um uns für die eigentlich und letzte Wirklichkeit zu halten – und dennoch ein Geist, der in wilder Ehe mit der Seele Abrahams lebt.* (Heller: Die Welt Franz Kafkas, 293–294)

Wie immer man eine solche geistesgeschichtliche Einordnung beurteilen mag – und ähnlich eine kultur- oder sozialgeschichtliche –, unbestreitbar triftig ist die literaturgeschichtliche, die Walter Muschg auf den Punkt gebracht hat: Kafka, so schreibt er, »ist einer der ganz wenigen *modernen* deutschen Dichter« (Muschg, 721). Er ist dies nicht nur in einem stärkeren Sinn als etwa sein Freund Max Brod, der als Autor ungleich konventioneller war, sondern auch als große Zeitgenossen wie Hugo von Hofmannsthal und Thomas Mann. So unzweifelhaft modern wie Kafka war unter den deutschsprachigen Schriftstellern seiner Zeit nur noch der Rilke der »Neuen Gedichte« und der »Aufzeichnungen des Malte Laurids Brigge«.

Kafkas Modernität zeigt sich deutlich in seinem Verhältnis zur literarischen Tradition. Keiner seiner Zeitgenossen hat sich so weit wie er von den Erzähl-Konventionen des 19. Jahrhunderts entfernt. Unübersehbar ist er, wie Hannah Arendt festgestellt hat, »kein Romancier im Sinne des klassischen Romans des 19. Jahrhunderts« (Arendt: Tradition, 104). Er habe nicht nur auf den »der äußeren Wirklichkeit abgelauschten Realitätscharakter des realistischen Romans gänzlich verzichtet«, gerade in seinen Erzählungen, sondern »vielleicht noch radikaler auf jenen der inneren Wirklichkeit abgelauschten Realitätscharakter des psychologischen Romans« (ebd., 99). Die Welten, die er erschaffen hat, stehen nicht, wie das Erzählen im 19. Jahrhundert, »in ständiger Konkurrenz zur Wirklichkeit«

(ebd., 105). Kafka, so Hannah Arendt, erfindet »völlig frei«, er schaffe »Modelle«, die »viel eher das Ergebnis eines Denkprozesses als einer Sinneserfahrung« (ebd., 101) sind. Er verlasse sich »nie auf die Wirklichkeit, weil sein eigentliches Anliegen nicht Wirklichkeit, sondern Wahrheit ist« (ebd.).

[11]

Vielen seiner Verehrer erscheint Kafka als ein isoliert für sich arbeitender Autor, der nicht nur abseits des Literaturbetriebs, sondern auch sozusagen mit dem Rücken zur literarischen Überlieferung ein ganz eigenes Œuvre geschaffen hat. Seine Geschichten gelten ihnen als so eigentümlich und eigenartig, dass sie annehmen, sie seien ganz seiner besonderen Phantasie entsprungen, ohne Anleihen bei anderen Autoren. So hat Malcolm Pasley behauptet, dass etwaige Lektüren Kafkas »schon längst vor dem Anfang der Werkentstehung auf den verschiedensten, gar nicht mehr genau aufzuspürenden Wegen in jenen inneren See gemündet waren, aus dem dann die Geschichte entfloß« (Pasley, 107).

Was Pasley beschreibt, ist jedoch allenfalls ein Typus literarischer Produktion bei Kafka. Auf den anderen hat der Autor selbst hingewiesen – wenn er etwa über seine Erzählung »Blumfeld, ein älterer Junggeselle«, auf Flaubert anspielend, notiert: »Ich schreibe Bouvard und Pecuchet sehr frühzeitig« (T, 726) oder über den »Heizer«: »glatte Dickens-Nachahmung« (T, 535–536). Auch sonst legte er sich gelegentlich Rechenschaft über die Anleihen ab, die er, wie bewusst auch immer, bei anderen Autoren gemacht hatte. Nachdem er in der Nacht vom 22. auf den 23. September 1912 in einem Zug »Das Urteil« geschrieben hatte, hielt er im Tagebuch Ähnlichkeiten fest u. a. mit einem Roman Max Brods und einem Sketch Franz Werfels. Weiter kamen ihm »Gedanken an Freud natürlich, an einer Stelle an ›Arnold Beer‹ [von Max Brod, D. L.], an einer andern an Wassermann, an einer an Werfels ›Riesin‹« (T, 294). Auch Kafka ist offenbar ein Lektüren verarbeitender Autor gewesen, dessen Texte in vielerlei literarischen Beziehungen stehen. Auch sein Werk ist immer wieder Literatur aus Literatur.

Was und wen Kafka gelesen hat, lässt sich aus seinen Tagebüchern und Briefen rekonstruieren, kaum jedoch aus seinen Romanen und Erzählungen. Markierte Intertextualität ist bei ihm selten. Zu den wenigen Ausnahmen gehören seine von ihm nicht veröffentlichte Parabel über Odysseus und die Sirenen, der Max Brod den Titel »Das Schweigen der Sirenen« gegeben hat, und die kleine Geschichte über Don Quijote und Sancho Pansa, die Brod »Die Wahrheit über Sancho Pansa« genannt hat. Ansonsten sind die Bezüge in der Regel unmarkiert. Charakteristisch für Kafka sind versteckte oder verdeckte produktive Rezeptionen, weniger Zitate oder einfache Übernahmen als mitunter weitgehende Verarbeitungen.

Allerdings war Kafka kein großer Leser wie Thomas Mann oder Hugo von Hofmannsthal, deren zahlreiche Lektüren in ihre Werke oft gut erkennbar eingegangen sind und über die sie sich auch eingehend in Essays geäußert haben. Die Reihe der Autoren, die Kafka intensiv gelesen hat, ist insgesamt überschaubar. Zu ihnen gehören Franz Grillparzer, E. T. A. Hoffmann und Heinrich von Kleist, Jonathan Swift und Charles Dickens, Miguel de Cervantes, Sören Kierkegaard, August Strindberg und Knut Hamsun, Bozena Nemcovà, Nikolai Gogol, Fedor M. Dostojewski und Leo Tolstoi. Hinzukommen seit 1911 jiddische Autoren, vor allem Dramatiker, deren Stücke er durch die Wanderbühne Jizchak Löwys kennenlernte, die in Prag gastierte. Sein Verhältnis zur literarischen Tradition aber lässt sich besonders an seiner Beschäftigung mit zwei Dichtern des 19. Jahrhunderts erkennen: Goethe und Flaubert.

Vor allem in seinen Briefen an Felice Bauer kommt Kafka immer wieder auf Flaubert zu sprechen. Er ermuntert, ja drängt sie geradezu, ihn zu lesen, und schenkt ihr die »Éducation sentimentale«. In den Tagebüchern finden sich nach 1912 verschiedene Aufzeichnungen zu Flauberts »Briefen über seine Werke«, »Bouvard et Pécuchet« und »L'Éducation sentimentale«. Das Interesse, das Kafka über die Romane hinaus an den Lebensumständen Flauberts nahm, ist typisch für eine Art seiner Lektüren, die man existentiell nennen kann. Wenn er sich in das Werk eines Autors versenkte, machte er sich auch über dessen Leben kundig und suchte, womit er sich identifizieren konnte. Sätze, die ihm das erlaubten, schrieb er auf. Bei Flaubert hat Kafka dabei offenbar einige vergleichbare Lebensprobleme erkannt, insbesondere die Junggesellen-Existenz und die damit verbundene Einstellung zur Schriftstellerei und zur Ehe. Ähnlich wie Flaubert hat er im Übrigen auch Sören Kierkegaard gelesen (vgl. Anz: Identifikation).

Kafkas Beschäftigung mit Flaubert scheint in seinem Werk einige Spuren hinterlassen zu haben. So hat man etwa die Junggesellen-Thematik in »Das Unglück des Junggesellen« oder in »Blumfeld, ein älterer Junggeselle« mit der Flaubert-Lektüre in Verbindung gebracht. Gelegentlich ist auch darauf hingewiesen worden, dass es Ähnlichkeiten zwischen der Teilnahmslosigkeit seiner Erzähler und der ›impassibilité‹ Flauberts gibt, wie sie ihre berühmteste Ausprägung in »Madame Bovary«, und zwar in der Schilderung des Selbstmordes, erhalten hat. Genau diese Haltung nehmen Kafkas Erzähler gegenüber Grausamkeiten ein, die sie beobachten – gegenüber der Folter in der Strafkolonie oder der Verwandlung Gregor Samsas.

Typisch für Kafkas produktive Rezeption sind die Bezüge zu Flaubert im Band »Ein Landarzt«. Die Wunde des kranken Jungen in der Titel-Erzählung und die Tiere in »Schakale und Araber«, die die Tötung anderer Tiere rächen wollen, verweisen auf Flauberts Novelle »La légende de Saint Julien l'Hospitalier«. Dass Kafka die Motive nicht einfach zitiert, sondern verarbeitet und ihnen in der Verarbeitung eine eigene Wendung gibt, zeigt gerade die Szene mit dem todkranken Jungen, zu dem der Landarzt von den Angehörigen des Kindes, eben wie ein Heiliger Julian, gelegt wird. In Flauberts Novelle verdankt der sündige Julien dem Aussätzigen, den er mit seinem Körper wärmt, seine Apotheose: Mit ihm und dank seiner steigt er in den Himmel auf. In Kafkas Erzählung flieht der Landarzt: Er versagt als Arzt – und er versagt sich.

Nicht weniger eingehend als Flaubert hat Kafka Goethe gelesen. Er ist nach Max Brod der am häufigsten in seinen Briefen und Tagebuch-Aufzeichnungen erwähnte Autor. Bezugnahmen auf ihn lassen sich jedoch in Kafkas Erzählungen und Romanen nicht finden. Das hat seinen guten Grund. Lassen die Aufzeichnungen zu seiner Goethe-Lektüre, die 1911 und 1912 am intensivsten war, am Anfang Begeisterung erkennen, so enthüllen sie nach und nach eine Abkehr von dem Vorbild, und zwar bezeichnenderweise in dem Jahr, in dem sie am einlässlichsten war.

Kafkas Kritik an Goethe ist aus der Tagebuchaufzeichnung vom 25. Dezember 1911 am deutlichsten zu erkennen: »Goethe hält durch die Macht seiner Werke die Entwicklung der deutschen Sprache wahrscheinlich zurück« (T, 318). Wenige Zeitgenossen Kafkas haben sich so eindeutig über die hemmende Wirkung Goethes – genauer: der Goethe-Verehrung – auf die Literatur ihrer Zeit geäußert. Zwar sprach auch Kafka über die »Sehnsucht«, zu Goethe zurückzukehren, doch wie einer, der sie nicht mehr teilt. Sie war ihm, nach jahrelanger Lektüre, nur noch ein Ausdruck der »Abhängigkeit« (ebd.). Auch zu dem Autor, den er, alles in allem, am meisten verehrte, stand Kafka in einem Verhältnis der Spannung. Allerdings wusste er sie für sich wenigstens so zu handhaben, dass sie ihn nicht dauerhaft lähmte.

Kafkas Goethe-Rezeption ist produktiv in dem Sinn geworden, dass sie nicht produktiv wurde. Er vermied jede Bezugnahme auf den nach seiner Ansicht Größeren, für ihn Unerreichbaren, in der Angst, den Vergleich nicht bestehen zu können. Kein anderer als Max Brod hat das bemerkt, ohne es allerdings richtig verstanden zu haben. In seiner Biographie des Freundes fügt er seiner Version der Goethe-Verehrung Kafkas, gewissermaßen der Vollständigkeit halber, die Bemerkung hinzu: »Kafka betonte gelegentlich, er sei sehr erstaunt, daß mancher Schriftsteller so unvorsichtig sei, Goethe zu zitieren – ein Satz von Goethe leuchte doch unfehlbar aus dem sonstigen Text jedes Autors blendend hervor« (Brod: Über Franz Kafka, 108). Brod, etwas irritiert, sah darin eine »kleine Bosheit« (ebd.) von der Art, wie er sie von Kafka gewohnt war. Er lässt aber nicht erkennen, ob er sich bewusst war, mit ihr auch gemeint gewesen zu sein.

An Goethe ist Kafka literarische Autorität fraglich geworden so wie an seinem Vater familiäre. Wie es für ihn typisch war, wählte er jedoch die am wenigsten agonale Art der Abkehr, um zu sich zu kommen. Wie im Verhältnis zu seinem Vater hat er den offenen Bruch vermieden. Er hat ihn still vollzogen. Er wollte, dass alle seine Energien in sein eigenes Schreiben eingehen sollten, nicht in den Kampf mit einem anderen Autor, den er zudem noch als den größeren ansah. Kafkas Ausweichen vor Goethe war Bescheidenheit und List zugleich. Dass diese Loslösung schließlich 1912 stattfand, ist kein Zufall: Es war das Jahr, in dem Kafka zu sich als Schriftsteller fand. Das konnte er nur, indem er sich von manchem Einfluss löste, nicht zuletzt dem Goethes.

An Kafkas Beschäftigung mit Goethe und Flaubert lässt sich sein Verhältnis zur literarischen Tradition beispielhaft ablesen. Nachdem er sich ihrem ›Einfluss‹ eine Zeitlang ausgesetzt hatte, entfernte, ja befreite er sich von ihr. Er schloss auf eigene Weise an sie an, indem er veränderte und sich zu eigen machte, was er in ihr gefunden hatte, oder indem er sie mied. Im einen wie im anderen Fall machte er das stillschweigend. Kafka gehört zu den modernen Autoren, die nicht programmatisch verkündet haben, was sie tun wollten. Er tat es, ohne sich zu erklären.

Kafkas Verhältnis zur literarischen Tradition wäre unvollständig beschrieben, würde man sie auf seine Beziehungen zu Klassikern wie Goethe und Flaubert beschränken. Dass er auch ganz andere, vorderhand nicht kanonische Literatur verarbeitete, hat Adorno betont. In Kafkas Romanen erkannte er etwa eine »Angleichung an Abenteuergeschichten aus aufgereihten Episoden«:

> Er hat solche Romane geliebt. Durch die Übernahme ihrer Techniken sagt er zugleich der etablierten literarischen Kultur ab. Seinen bekannten Modellen wären außer Walser wohl etwa der Anfang von Poes Arthur Gordon Pym und manche Kapitel aus Kürnbergers Amerikamüdem wie die Beschreibung einer New Yorker Wohnung hinzuzufügen. Vor allem aber solidarisiert sich Kafka mit apokryphen literarischen Gattungen. Den Zug des universal Verdächtigen, tief eingegraben der Physiognomie des gegenwärtigen Zeitalters, hat er dem Kriminalroman abgelernt. (Adorno, 333)

[12]

Die Kennzeichnung Kafkas als eines modernen Autors, dessen Texte durch verschiedene poetische Spannungen bestimmt sind, gilt zunächst für den Teil seines Werks, den er selbst veröffentlicht hat, also für seine Erzählungen. Für die Romanversuche mag sie in mancher Hinsicht zu differenzieren sein, ohne jedoch im Ganzen an Gültigkeit zu verlieren. Die Romane mögen Einschnitte innerhalb der literarischen Produktion Kafkas bedeuten; trotzdem sind sie mit seinen Erzählungen schon werkgeschichtlich eng verknüpft.

Im selben Jahr wie den »Verschollenen« schrieb Kafka auch »Das Urteil« und »Die Verwandlung«. Die Arbeit am »Prozeß« ging einher mit der von »In der Strafkolonie«. Die Türhüter-Geschichte aus dem Dom-Kapitel des Romans veröffentlichte Kafka separat als Erzählung unter dem Titel »Vor dem Gesetz«, so wie er es auch mit dem ersten Kapitel des »Verschollenen« hielt, »Der Heizer«. Die Niederschrift des »Schloß«-Romans schließlich fiel mit der Arbeit an »Ein Hungerkünstler« und »Forschungen eines Hundes« zusammen.

Die Romane und die Erzählungen strikt voneinander zu trennen ist ohne Gewaltsamkeit kaum möglich. Zwischen ihnen gibt es manche Unterschiede, aber auch etliche Gemeinsamkeiten, insbesondere stilistischer, kompositorischer, erzähltechnischer und konzeptioneller Art. Sie betreffen Kafkas Bemühung um geschlossene Komposition, die Mischung aus Realismus und Phantastik, die Haltung des Erzählers, die Konzeption der Figuren, insbesondere ihr Verhältnis zur Welt, schließlich die Deutungsoffenheit der Geschichten.

Von den drei Romanen weist vor allem »Der Prozeß« eine ähnliche Beziehung zwischen erstem und letztem Satz auf wie manche Erzählung Kafkas. Der erste Satz gehört zu den berühmtesten Romananfängen der Moderne: »Jemand mußte Josef K. verleumdet haben, denn ohne daß er etwas Böses getan hätte, wurde er eines Morgens verhaftet« (P, 9). Nicht nur das Thema von Schuld und Strafe klingt in ihm an, auch die Unverständlichkeit, ja Rätselhaftigkeit des Geschehens, wie es sich Josef K. darstellt, und dessen begrenzte Perspektive wird mit der Technik des personalen Erzählens dem Leser auch gleich demonstriert.

Nicht weniger berühmt als der erste ist der letzte Satz des

Romans geworden: »›Wie ein Hund!‹ sagte er, es war, als sollte die Scham ihn überleben« (P, 272). Von dem einen zu dem anderen Satz spannt sich der pragmatische Bogen des Romans: von der seltsamen Verhaftung am Anfang zu der nicht weniger merkwürdigen Hinrichtung am Ende. Dieser Bogen lässt deutlich genug erkennen, dass der Autor die Geschichte eines letztlich tödlichen Scheiterns erzählen wollte.

Wie in den Erzählungen stehen auch in den Romanen realistische und phantastische Motive nebeneinander. Das gilt im »Prozeß« etwa für die Darstellung des Gerichts und dessen, was mit ihm zusammenhängt. Nicht nur die Verhaftungsszene ist durch eine solche Mischung gekennzeichnet. Auch das gesamte Verfahren, ja das Gericht selbst erscheinen ebenso wirklich wie unwirklich. Von ihm heißt es etwa, dass es sonntags in Mietwohnungen zusammentrete und seine Kanzleien in Dachkammern hinter Bretterverschlägen untergebracht seien. Erkennbar liegt dem »Prozeß« auch ein unerhörter Einfall zugrunde: ein Angeklagter, der unter Aufsicht gestellt wird, aber nicht erfährt, wessen er angeklagt wird, und nach langen vergeblichen Bemühungen, einen Prozess zu erhalten, schließlich ohne Verhandlung hingerichtet wird.

Typisch auch für die Romane ist ein stark personales Erzählen jeweils aus der Perspektive der Hauptfigur. Der Erzähler tritt deutlich zurück. Dass er sich etwa mit Deutungen oder Anreden an den Leser hervortäte, ist auch bei dem Romancier Kafka schwer vorstellbar. Gleichwohl sind feine Distanzierungen von seinen Figuren kaum zu übersehen, wie auch seine ironische Haltung zur erzählten Welt: »Kafkas Romane sind artifizielle Übungen in einer Form der Ironie, die wie der schwebende Ton eines Instruments verklingt, darauf angelegt, im Leser einen abgewogenen Ausgleich hervorzubringen zwischen emotionaler Anteilnahme und der Erfahrung, aus distanzierter Überschau zu höherer Einsicht zu gelangen« (Robertson, 5). Tatsächlich ist der Erzähler auch in den Romanen Kafkas immer mehr oder weniger unbeteiligt, und die Ironie ist nur eine Art, Distanz herzustellen.

Wie für die Erzählungen sind auch für die Romane Kafkas Situationen konstitutiv. Milan Kundera hat sogar behauptet: »Die drei Romane Kafkas sind Variationen derselben Situation: der Mensch gerät nicht mit einem anderen Menschen in Konflikt, sondern mit einer in eine unermessliche Behörde verwandelten Welt« (Kundera: Der Vorhang, 82). Allerdings dürfte das eher für die beiden späteren als für den ersten Roman zutreffen. Das Amerika des »Verschollenen« mag eine »Welt« sein, aber sie ist keine übergroße »Behörde« wie das »riesengroße [...] Gericht« im »Prozeß«; auch das Dorf im »Schloß« ist es nicht. Gleichwohl ist in allen drei Romanen die Situation bestimmender als die Figur: die Auswanderung in die Fremde; das Angeklagt- und Gerichtet-Werden; das Zur-Arbeit-Gerufen-, aber nicht Zugelassen-Werden.

Die Hauptfiguren der Romane, besonders Josef K. und K., sind über ihre Berufe und ihr Junggesellenleben hinaus ähnlich unbestimmt wie ein Gregor Samsa. Allenfalls der junge Karl Roßmann in »Der Verschollene« hat eine – wenngleich bei seinem Alter nicht sehr umfangreiche – Lebensgeschichte. Stärker entfaltet als in den Erzählungen sind in den Romanen allerdings die sozialen Beziehungen, die Kafkas Hauptfiguren unterhalten. Die auffälligsten von ihnen sind die zu Frauen. Wenn Erich Heller behauptet, K.s Beziehung zu Frieda sei »der Epilog zur europäischen Geschichte der romantischen Liebe« (Heller: Die Welt Franz Kafkas, 315), so kann man das mehr oder weniger von allen Helden Kafkas sagen. Romantische Liebe gibt es in seinen Romanen kaum. Liebe ist zumeist sexuelle Liebe, die, wie etwa bei K.s und Friedas erster Begegnung, als schmutzig oder, wie bei Karl Roßmanns Verführung durch die Köchin seiner Eltern, als geradezu gewaltsam dargestellt wird. Kafkas männliche Figuren gehen solche Beziehungen nicht selten aus kalter Berechnung ein: Josef K. wie K. erhoffen sich von ihnen Vorteile in ihren Angelegenheiten.

Keine der Hauptfiguren der drei Romane lässt sich noch als ›Held‹ im überkommenen Sinn bezeichnen. Sich zu behaupten fällt ihnen wie K. schwer, wenn sie nicht sogar wie Josef K. ganz scheitern. Die Welt gibt ihnen Rätsel auf. Josef K. z. B. gelingt es nicht, zu verstehen, was um ihn herum und mit ihm geschieht. Wie wenig er mit seinen Deutungen zu einem Ergebnis gelangt, enthüllt, vor seinem Ende, das neunte Kapitel. Die Auslegung der Türhüter-Geschichte überanstrengt ihn:

> *Er war zu müde, um alle Folgerungen der Geschichte übersehen zu können, es waren auch ungewohnte Gedankengänge, in die sie ihn einführte, unwirkliche Dinge, besser geeignet zur Besprechung für die Gesellschaft der Gerichtsbeamten als für ihn.* (P, 264)

Schon ihrer Schwäche wegen sind die Hauptfiguren der Romane Kafkas mit Recht oft als Beispiele für die vielbesprochene Krise des Helden im modernen Roman angeführt worden.

Schließlich stellen natürlich gerade »Der Prozeß« und »Das Schloß« Rätsel eigener Art dar. Vielen Literaturtheoretikern gilt zumal »Der Prozeß« inzwischen als Inbegriff des offenen, letztlich unausdeutbaren Kunstwerks. Die Schwierigkeiten, den Roman zu verstehen, haben nicht nur mit seinem fragmentarischen Charakter zu tun. Dem Leser wird auch wenig mehr Wissen zugestanden als dem rätselnden Josef K. Die Perspektivwechsel, wie zu Beginn des letzten Kapitels, mögen ihm bei seinen Verstehensbemühungen in der Sache kaum helfen, allenfalls als unausgesprochener Appell, Abstand zu Josef K. und seinen Deutungen zu nehmen.

Die Türhüter-Geschichte etwa, die der Geistliche erzählt, scheint sich geradezu als ›Aussage‹, als ›Lehre‹ des Romans anzubieten – aber eben nur scheinbar, ähnlich wie das ›fabula docet‹ in »Kleine Fabel«. Die Geschichte wird nämlich von dem Geistlichen anders gedeutet als von Josef K. Den pointierten Satz des Priesters: »man muß nicht alles für wahr halten, man muß es nur für notwendig halten«, kommentiert Josef K. kritisch: »›Trübselige Meinung‹, sagte K. ›Die Lüge wird zur Weltordnung gemacht.‹« Doch auch dieser Kommentar ist nicht das letzte Wort: »K. sagte das abschließend, aber sein Endurteil war es nicht« (P, 264). »Die einfache Geschichte«, so gibt der Erzähler den Eindruck seiner Figur wieder, »war unförmlich geworden« (ebd.): durch ihre verschiedenen möglichen Auslegungen. Auch in diesem Roman nimmt dem Leser niemand die Mühe des Verstehens ab.

III.
›Mein eigentlicher Wunsch‹: Streitfragen

Immer ängstlicher im Niederschreiben. Es ist begreiflich. Jedes Wort, gewendet in der Hand der Geister – dieser Schwung der Hand ist ihre charakteristische Bewegung –, wird zum Spieß, gekehrt gegen den Sprecher. Eine Bemerkung wie diese ganz besonders. Und so ins Unendliche. Der Trost wäre nur: es geschieht, ob du willst oder nicht. Und was du willst, hilft nur unmerklich wenig. Mehr als Trost ist:
Auch du hast Waffen.

(T, 585)

[1]

Über einen Schriftsteller, schreibt Elias Canetti, soll man »nach den Ergebnissen urteilen«, »wonach sonst« (Canetti, 17). Die »Ergebnisse« sind für ihn die Werke, die ein Autor verfasst hat. Im Fall Kafkas fangen allerdings die Schwierigkeiten schon mit der Frage an, was denn sein literarisches Werk sei. Auch auf sie gibt es nämlich zumindest zwei grundverschiedene Antworten. Die eine hat Kafka selbst, die andere sein Freund und Nachlassverwalter Max Brod gegeben. Beide sind in Zweifel gezogen worden – und sind somit mehr ›Ansichten‹ als Antworten. Sie gehören zu den Streitfragen, die Kafkas Werk bis heute umgeben. Kaum eine von ihnen ist endgültig zu entscheiden.

Als Kafka starb, lag der Öffentlichkeit ein überschaubares Werk vor: das, was er seit 1908 veröffentlichte hatte, und zu dem kurz nach seinem Tod noch hinzukam, was er bereits für den Druck vorbereitet hatte. Am Ende waren das, neben einer Handvoll verstreut erschienener Arbeiten, sieben, nicht sehr umfangreiche Bücher. Drei von ihnen sammeln verschiedene, meist kürzere erzählende Prosa: »Betrachtung«, »Ein Landarzt« und »Ein Hungerkünstler«. Vier von ihnen bestehen jeweils nur aus einer längeren Erzählung: »Das Urteil«, »Der Heizer«, »Die Verwandlung«, »In der Strafkolonie«.

Das ist ein schmales Werk, verglichen nicht nur mit den Œuvres der großen epischen Erzähler des 20. Jahrhunderts wie Marcel Proust oder Thomas Mann. Es ist auch schmal verglichen mit dem, was heute unter Kafkas Namen kursiert. Neben den Erzählungen, die er selbst veröffentlichte, sind das drei große Romanfragmente – »Der Verschollene«, »Der Prozeß«, »Das Schloß« – und allerlei Bruchstücke von längeren und kürzeren Erzählungen, Aphorismen, Tage- und Notizbücher, Briefe vor allem an die Familie, der längste davon an den Vater, an Verleger, Freunde und Frauen, in die er sich verliebte. In der ersten, von Max Brod besorgten Edition enthält der mit ungefähr 320 Seiten schmalste Band das, was Kafka selbst publiziert hat. Alle anderen Bände sind umfangreicher.

Kafka hatte eine genaue Vorstellung davon, was man nach seinem Tod von ihm noch lesen sollte – oder lesen können sollte – und was nicht. Im Nachwort zu seiner Ausgabe des »Prozeß« hat Brod Kafkas letztwillige Verfügung, zumindest den letzten Willen des Freundes wiedergegeben:

> In Franz Kafkas Nachlass hat sich kein Testament vorgefunden.
> In seinem Schreibtisch lag unter vielem andern Papier ein zusammengefalteter, mit Tinte geschriebener Zettel mit meiner Adresse.
> Der Zettel hat folgenden Wortlaut:
>
> Liebster Max, meine letzte Bitte: Alles, was sich in meinem Nachlass (also im Buchkasten, Wäscheschrank, Schreibtisch, zu Hause und im Büro, oder wohin sonst irgend etwas vertragen worden sein sollte und Dir auffällt) an Tagebüchern, Manuskripten, Briefen, fremden und eignen, Gezeichnetem und so weiter findet, restlos, und ungelesen zu verbrennen, ebenso alles Geschriebene oder Gezeichnete, das Du oder andre, die Du in meinem Namen darum bitten sollst, haben. Briefe, die man Dir nicht übergeben will, soll man wenigstens selbst zu verbrennen sich verpflichten.
>
> Dein Franz Kafka. (P, 316–317)

Statt Kafkas nachgelassene Schriften zu verbrennen, veröffentlichte Max Brod sie, und schon ein Jahr nach dem Tod des Freundes begann er damit. Am Ende umfasste seine Ausgabe des Nachlasses sieben Bände. Der erste Text, den er herausgab, war »Der Prozeß«, den Kafka, wie die beiden anderen Romanfragmente, in seinem letzten Willen nicht einmal erwähnt hatte.

Im Nachwort zu diesem Band rechtfertigte Brod sich ausführlich. Er berief sich darauf, dass er schon 1921, als Kafka ihm eröffnete, er solle seinen Nachlass vernichten, versichert habe, dass er das nicht tun werde. Wenn es Kafka mit seinem Wunsch ernst gewesen wäre, so schloss Brod, hätte er »einen anderen Testamentsexekutor bestimmen müssen« (P, 321). Auch das war etwas advokatorisch gedacht, denn Brod, wie Kafka Jurist, hätte auch einfach die Nachlassverwaltung ablehnen können, weil er wusste, dass er dem Willen des Freundes nicht nachkommen würde. Dass es Kafka mit seiner Anweisung ernst war, ist jedoch kaum zu bezweifeln. Brod hat selbst von der »kategorisch ausgesprochenen Verfügung« (ebd., 318) gesprochen und erwähnt, dass Kafka sogar »an einem Teil seines Vermächtnisses sein eigener Exekutor geworden« (ebd., 321) sei: Den Inhalt von zehn Quartheften hat er eigenhändig vernichtet.

Dass man seine Entscheidung wenn nicht juristisch, so doch ethisch anfechten kann, war Brod bewusst – auch wenn er seine Zweifel, rhetorisch geschickt, abzuweisen wusste. »Ich fühle sehr wohl«, schreibt er, »daß ein Rest bleibt, der besonders zartsinnigen Menschen die Publikation verbieten würde. Ich halte es aber für meine Pflicht, dieser sehr einschmeichelnden Verlockung des Zartsinns zu widerstehen« (ebd., 320).

Solche zartsinnigen Leser hat es in der Tat gegeben. Elias Canetti hat noch mehr als vier Jahrzehnte später, am Anfang seines großen Essays über Kafkas Briefe an Felice Bauer, seine erste Regung bei der Lektüre als »eine der Peinlichkeit und der Beschämung« (Canetti, 7) beschrieben. Das dürfte für viele Leser Kafkas gelten, die sich mit seinem Nachlass beschäftigt haben. Noch größer als das Gefühl der Peinlichkeit mag dabei das der Scham sein. Wer glaubt, diesen Autor zu verstehen, muss sich unweigerlich dafür schämen, lesend in persönliche Bereiche einzudringen, die er offensichtlich verbergen wollte. Der »Gewissenskonflikt« (P, 319), in dem sich Brod als Freund und Nachlassverwalter Kafkas sah, ist durch seine Entscheidung auf künftige Leser übergegangen.

Für seinen Entschluss, den Nachlass zu veröffentlichen, hat Brod »die allertriftigsten Gründe« (ebd., 318) geltend gemacht: vor allem die »Tatsache des literarischen und ethischen Werts« (ebd., 321), den die hinterlassenen Arbeiten nach seiner Einschätzung besitzen. Viele Leser, Literaturwissenschaftler eingeschlossen, sind ihm in diesem Urteil gefolgt. Kafka war allerdings als Autor strenger mit sich. Nicht nur, dass er von seinen sieben schmalen Büchern am Ende nur fünf »gelten« lassen wollte, dazu die Titelerzählung des letzten Bandes. Um alle Zweifel an seiner Einschätzung der eigenen Bücher zu zerstreuen, fügte Kafka in seiner ›letzten Bitte‹ an Brod auch noch hinzu, dass er »nicht den Wunsch habe, sie mögen neu gedruckt und künftigen Zeiten überliefert werden, im Gegenteil, sollten sie ganz verlorengehen, entspricht dieses meinem eigentlichen Wunsch« (ebd., 317).

Die letzte Rechtfertigung für Brods Entscheidung, gegen den erklärten Willen des Freundes dessen Nachlass zu veröffentlichen, stellt zweifellos der Ruhm dar, der ihm dadurch zuteilwerden sollte und auch zuteilwurde. Dieser Erfolg, auf den man als Herausgeber nur spekulieren kann, hebt die Fraglichkeit der Entscheidung jedoch nicht auf. Sie beraubt vielmehr in jedem Fall den Autor des Rechts, über seine eigenen Texte zu verfügen, und behandelt sie stattdessen, als wären sie schon

Gemeingut. Ihr Verfasser wird in eigener Sache auch ästhetisch entmündigt. Der Nachlassverwalter spricht ihm ab, am besten über sein eigenes Werk Bescheid zu wissen.

Kafka ist nicht der einzige Autor, dem das widerfahren ist. Bei kaum einem aber dürfte die Kluft zwischen dem, was er gewollt hat, und dem, was davon umgesetzt worden ist, so groß sein. Wir kennen sein Werk nicht so, wie er, sondern wie Max Brod es veröffentlicht sehen wollte. Der Autor Franz Kafka, wie er seit bald einhundert Jahren gelesen wird, ist wesentlich ein Geschöpf seines Herausgebers. In Brods Entscheidung, den letzten Willen Kafkas zu missachten, mag ebenso viel Weisheit wie Anmaßung liegen. Auch das gilt nicht nur für diesen Herausgeber. Nachlassverwalter können die treuesten der Treuen und die Untreuesten sein. Max Brod war beides zugleich.

[2]

Der These Brods, dass der Nachlass der »kostbarste Teil« des Kafka'schen Vermächtnisses sei, wird man kaum zustimmen können, auch wenn nicht zu bestreiten ist, dass er manche »Schätze« (P, 320) zu Tage gefördert hat, etwa kleinere und größere Erzählungen und Aphorismen. Der größte Schatz dürfte jedoch »Der Prozeß« sein, der zweite Roman, an dem Kafka sich versucht hat, der erste, den Brod 1925 aus dem Nachlass veröffentlichte. Er erzählt die Geschichte des Bankangestellten Josef K., der, ohne sich einer Schuld bewusst zu sein, eines Morgens ›verhaftet‹, aber im strengen Sinn nicht festgenommen wird, der im Folgenden mit Hilfe eines Anwalts, auch eines angeblich einflussreichen Malers erfolglos versucht, zum Gericht vorzudringen, schließlich sogar den Rat eines Geistlichen einholt, am Ende von zwei Männern abgeholt und am

Stadtrand brutal hingerichtet wird. 1933 ins Französische, Italienische und Norwegische, 1937 ins Englische, 1939 ins Spanische, 1940 ins Japanische übersetzt, hat der unvollendete Roman den Weltruhm des Autors begründet. Gut zwei Jahrzehnte nach seiner Veröffentlichung galt er schon als ein klassischer Text der Moderne. An dieser Einschätzung hat sich wenig geändert; bis heute behauptet der Roman sich in jedem Kanon.

Bei anderen Teilen des Nachlasses, den Brod herausgab, fällt die Einschätzung weniger eindeutig aus, schon beim »Schloß«-Fragment, das nicht von allen ähnlich hoch geschätzt wird wie »Der Prozeß«, wenn auch in jedem Fall höher als Kafkas erster Roman-Versuch »Der Verschollene«. Unter den »Novellen, Skizzen, Aphorismen aus dem Nachlaß«, die unter dem Titel »Beschreibung eines Kampfes« erschienen sind, finden sich einige kleinere Erzählungen wie »Der Kübelreiter«, »Poseidon«, »Von den Gleichnissen«, »Der Jäger Gracchus«, »Kleine Fabel« oder »Das Ehepaar«, die hinter den von Kafka selbst veröffentlichten nicht zurückstehen. Der Band »Hochzeitsvorbereitungen auf dem Lande« enthält dagegen überwiegend »Fragmente«, der Vollendung nahe wie »Das Schweigen der Sirenen«, aber auch zahlreiche angefangene und nicht zu Ende geführte Erzählungen, oft nur tastende Versuche, die kaum ein Autor gern publiziert sähe. Gewichtiger sind die Aufzeichnungen der acht Oktavhefte, die genügt haben, Kafka einen Platz in der Geschichte des deutschsprachigen Aphorismus zu sichern.

Von unterschiedlicher Art und unterschiedlichem Wert sind die Tagebücher, die in Brods Ausgabe den stärksten Band bilden. Die Quarthefte, aus denen sie bestehen, sind anders als die Oktavhefte, in die Kafka meist seine Einfälle notierte, eher eine Mischung aus Tage- und Notizbüchern, mit wechselnden Anteilen. Sie dienten vor allem dem diaristischen Aufschreiben und Festhalten: von Einfällen und Wendungen, von Beobachtungen und Gedanken. Manche wirken auf den ersten Versuch gelungen, andere sind weit entfernt davon. Die Tagebücher sind keine Literatur, zumindest nicht in dem Sinn, den Kafka dem Wort gab. Sie sind meist nur Vorstufen von Literatur.

Ansonsten erlauben sie Einblick in Kafkas Alltag: sein Leben zwischen Büroarbeit, häuslichem Schreiben, kleinen Geselligkeiten mit Freunden und gelegentlichen Reisen. Nichts davon ist besonders aufregend. Aber wie viele andere Tagebuchschreiber notierte Kafka weniger Vorkommnisse seines äußeren Lebens als Reflexe seines inneren. Er hielt Beobachtungen und Einfälle fest. Immer wieder beschrieb er seine Gefühle und zergliederte sie. Oft beschäftigte ihn mehr, was in ihm, als das, was um ihn herum vor sich ging.

Die Problematik, die die Veröffentlichung solcher Aufzeichnungen besitzt, liegt auf der Hand. Sie machen den Leser gegen den Willen des Autors zum Mitwisser – sei es seiner Arbeit, sei es seines Lebens. Sie fügen dabei dem Bild, das man sich aus seinen Werken von ihm als Autor macht, das der Person hinzu, zumindest soweit man ihrer in Notaten habhaft werden kann. Auf diesen Reiz mag kaum ein Leser verzichten, auch nicht, ja vielleicht am wenigsten, wenn er weiß, dass der Autor all das verbergen wollte, was auf diese Weise an die Öffentlichkeit gelangt.

Eine literarische Sensation waren und sind die Tagebücher Kafkas nicht – nicht einmal durch Geschichten wie »Das Urteil«, »Der Heizer« und »Die Verwandlung«, die er in ihnen notiert hat. Da Kafka sie selbst veröffentlichte, braucht der Leser nicht das Tagebuch, um sie kennenzulernen. Eine Fundgrube sind die Quarthefte dagegen für all das, was nicht oder nicht sichtbar in Kafkas veröffentlichtes Werk Eingang gefunden hat, etwa seine Beschäftigung mit dem Judentum, die begann, als er im Winter 1911/12 eine jiddische Schauspielertruppe in Prag erlebte, oder seine Goethe-Lektüre, mit der er sich, ungefähr zur gleichen Zeit, auf die Reise nach Weimar vorbereitete, die er Ende Juni 1912 zusammen mit Max Brod unternahm.

Ähnlich problematisch wie die Veröffentlichung der Tagebücher ist die der Briefe, die genauso intime Zeugnisse darstellen, die nicht für eine Öffentlichkeit bestimmt waren. Dafür, dass er die Briefe herausgab, kann man Brod in der Tat kritisieren, schon weil er, wie Milan Kundera moniert, damit *»alles«* publizierte, was Kafka hinterlassen hat, »ohne Unterschied; sogar diesen langen und peinlichen Brief, den Kafka seinem Vater nie geschickt hätte und den durch Brods Verdienst nun jedermann, außer dem Adressaten, lesen kann« (Kundera: Vermächtnisse, 250). »In meinen Augen«, fügt Kundera hinzu, »findet Brods Indiskretion keine Entschuldigung. Er hat seinen Freund verraten. Er hat wider dessen Willen gehandelt, wider Sinn und Geist von dessen Willen, wider dessen schamhafte Natur, die er kannte« (ebd.).

Dass Brod nicht nur Fragmente von Romanen und Erzählungen, sondern auch Tagebücher und Briefe seines Freundes veröffentlichte, hat allerdings durchaus seine Logik. Es ist in seinem Verständnis des Autors Kafka begründet, das offensichtlich nicht dessen Selbstverständnis entspricht, und in seiner hohen Einschätzung der Person, der für ihn nicht nur als Autor bedeutend war. Dem kann man sich anschließen, muss es aber nicht.

Dass schon sein Freund Kafka anders verstand als er sich selber, ist bezeichnend. Außer in der Unterschiedlichkeit ihrer Persönlichkeiten ist es vor allem in einem einfachen, aber grundlegenden Umstand begründet. Kafka ist vergleichsweise früh gestorben, schon Jahre vor seinem Tod war er schwer krank. Anders als etwa Marcel Proust, der, gleichfalls lange leidend, zehn Jahre älter geworden ist, hat er sein Werk nicht abschließen können. Es bricht durch seinen Tod nur ab. Kafka ist der Unfertige unter den großen Erzählern der Moderne. Nicht einmal seinen Nachlass hat er ordnen können. Gerade dieses Unfertige macht bis heute einen Teil seiner Faszination aus – und es lässt zugleich viele Fragen offen, die sein Werk betreffen. Auch deshalb gibt es die *eine* ›Ansicht‹ dieses Autors nicht.

[3]

Die Veröffentlichung der Romane oder Romanversuche, wie problematisch sie auch gewesen sein mag, hat das Bild verändert, das sich die literarische Öffentlichkeit von Kafka machte. Zu Lebzeiten galt er als Verfasser kurzer Prosa, dessen Texte über den Umfang einer Novelle nicht hinauskamen. Max Brod präsentierte dem Publikum gleich im ersten Band seiner Edition den Romancier Kafka, und er ließ keinen Zweifel daran, welche Bedeutung er dessen ›Romanen‹ beimaß. Als er mit dem »Prozeß« die Reihe der Veröffentlichungen aus dem Nachlass Kafkas begann, erklärte er mit großer Bestimmtheit:

> *Erst diese Werke werden zeigen, daß die eigentliche Bedeutung Franz Kafkas, den man bisher mit einigem Recht für einen Spezialisten, einen Meister der Kleinform halten konnte, in der großen epischen Form liegt.* (P, 321–322)

Dieses Versprechen Brods, dass in Kafka ein bedeutender Romancier zu entdecken sei, hat seinem Freund nach dem Tod die Aufmerksamkeit eingetragen, die ihm zu Lebzeiten nicht zuteil geworden ist.

Dass Kafka eigentlich ein Romancier gewesen sei, war nicht die einzige Neuigkeit, die Max Brod zu bieten hatte. Als Kafka festlegte, welche seiner Erzählungen »gelten«, wollte er offenbar, dass künftige Leser von ihm nur das kennen sollten, was er für gelungen hielt und nicht mehr verbessern konnte. Seine Absicht war es, ein Werk zu hinterlassen, das hohen, vielleicht höchsten Maßstäben genügen sollte. Er wollte mit seinem Namen nur Erzählungen verbunden sehen, die ihm nach Maßgabe seiner Möglichkeiten vollkommen erschienen. Das ist ihm nicht gelungen.

Wenn Brod die drei ›Romane‹ zu dem »Besten« erklärte, was Kafka geschrieben habe, später auch »Novellen Skizzen Aphorismen« und schließlich »andere Prosa aus dem Nachlaß« herausgab, wollte er gerade das Unfertige und Unvollendete im Werk seines Freundes hervorheben und – gegen dessen eigene Einschätzung – aufwerten. Ihm ging es darum, den »Begriff des ›Fragmentarischen‹« (BeK, 343) für Kafka fruchtbar zu machen: Er gewinne »angesichts des Werkes von Franz Kafka eine vom Herkömmlichen abweichende Bedeutung« (ebd.). Nach und nach erweiterte Brod seine Entscheidung, Erzählungen zu veröffentlichen, »die vollendet oder doch bis zu einem gewissen Grad vollendet sind« (ebd.), wie es noch für »Beschreibung eines Kampfes« galt. Der ›gewisse Grad‹ stieg ins immer Ungewissere. Am Ende wurde aus dem skrupulös um Vollendung bemühten Kafka der Virtuose des »Fragmentarischen«.

[4]

Mit seinen editorischen Entscheidungen hat Max Brod grundsätzliche ästhetische Auseinandersetzungen über das Werk Franz Kafkas eröffnet. »Meister der Kleinform« oder Meister »der großen epischen Form«, auf ästhetische Vollendung bauender oder auf das Unabgeschlossene setzender Autor: Der Streit darüber, was für ein Schriftsteller Kafka ›eigentlich‹ gewesen sei, hält bis heute an. Er dürfte nicht zu schlichten sein, schon weil es für beide Ansichten jeweils gewichtige Argumente und sachkundige Anwälte gibt.

Max Brod ist nicht der einzige, der den Romancier über

den Erzähler Kafka gestellt hat. Auch Thomas Mann lobte ihn als den »Verfasser des ungeheuer merkwürdigen und genialen Romans ›Das Schloß‹ und seines Gegenstücks, des ebenso außergewöhnlichen Erzählwerkes ›Der Prozeß‹« (Thomas Mann, 771). Nicht nur in der deutschen Literatur ist dieses Urteil weit verbreitet. Für viele seiner großen Leser von André Gide bis zu Milan Kundera war Kafka vor allem der Romanautor. Die Gründe dafür, die Romane den Erzählungen vorzuziehen, liegen auf der Hand: Es sind die größere ästhetische und intellektuelle Komplexität, der größere Figurenreichtum und die größere Welthaltigkeit. Alle drei Romane scheinen jeweils beziehungsreicher und verweisungsfähiger als die Erzählungen.

Die Akzente sind allerdings unterschiedlich gesetzt worden. Als Brod die Romane herausgab, hielt er sich nicht an die Entstehungsgeschichte. Den Roman, an dem Kafka sich zuerst versucht hatte, »Der Verschollene«, publizierte er als letzten unter dem Titel »Amerika«; der letzte, den Kafka geschrieben hat, »Das Schloß«, veröffentlichte Brod als zweiten. Offensichtlich bedeutete die Reihenfolge, in der er die Romane herausgab, eine ästhetische Hierarchie – mit dem »Prozeß« als dem aus seiner Sicht gewichtigsten.

Was Kafkas erstes Romanprojekt angeht, so mag das Urteil noch am ehesten übereinstimmen; noch immer gilt es, im Vergleich mit den beiden anderen, als eine Anfängerarbeit. Umstritten ist dagegen der ästhetische Rang des zweiten Romanfragments. Heinrich Henel etwa hat nicht nur den »Verschollenen«, auch den »Prozeß«, trotz manchem Gelungenen, als letztlich gescheitert betrachtet: »Verfehlt war der Plan, die Anlage als Ganzes« (Henel, 101). Beim »Schloß« verhalte es sich jedoch vollkommen anders: »Der Plan ist so glücklich, die Ausführung so folgerecht, die Weiterführung so sorgfältig vorbereitet, daß kein Mißbehagen des Dichters die Vollendung verhindert haben kann«, sondern nur »äußere Gründe« (ebd.).

Dieses Urteil ist von anderen Kafka-Kennern bezweifelt worden. So hat Ritchie Robertson behauptet, »Das Schloß« sei »ein nicht in jeder Hinsicht geglücktes Kunstwerk«, es habe Längen und leide unter einigen »Ungenauigkeiten«. Offenbar habe Kafka »einige seiner Erzählansätze nicht zu Ende geführt« wie die Figur des Grafen Westwest, der so schnell aus dem Roman wieder verschwindet, wie er eingeführt wird (Robertson, 295). Nach Peter-André Alt weist »Das Schloß« sogar, »stärker noch als die beiden anderen Romanfragmente, eine Vielzahl von handwerklichen Unebenheiten, stilistischen Wiederholungen, Abstimmungsfehlern und Versehen« auf (Alt, 619). Walter Muschg schließlich hat auch die Sprache des Romans kritisiert: sie wirke »unfrei und monoton, eher verhext als verspielt, in ein graues Gespinst von Reflexionen zerdehnt, die künstlerisch im Sand verlaufen« (Muschg, 716).

Nicht nur im »Schloß« hat dagegen Adorno Monotonie bemerkt, sondern auch im »Prozeß«:

> *Unter den Mängeln, die in den großen Romanen obenauf liegen, ist der empfindlichste die Monotonie. Die Darstellung des Vieldeutigen, Ungewissen, Versperrten wird endlos wiederholt, oft auf Kosten der angestrebten Anschaulichkeit. Die schlechte Unendlichkeit des Dargestellten teilt sich dem Kunstwerk mit. Wohl mag in diesem Mangel einer des Gehalts zutage kommen, ein Übergewicht der abstrakten Idee, die selber der Mythos ist, den Kafka befehdet.* (Adorno, 316)

Manche Kritiker sind in ihren Urteilen noch weiter gegangen. Harold Bloom hat von Kafkas Romanen, gegen die weitverbreitete Begeisterung, nüchtern gesagt, sie seien »better in parts than as complete works« (Bloom, 417). Noch entschiedener – und entschieden negativer – ist das Urteil Edmund Wilsons ausgefallen. In Kafkas Romanen erkannte er zwar »einen Aspekt des Komischen und zugleich Ergreifenden« (Wilson, 206), doch hielt er sie für »im Grunde ziemlich unfertige Angelegenheiten, die nie vollendet und nie wirklich ausgearbeitet wurden« (ebd., 207). Ihre Themen habe Kafka mit »wenig Exaktheit ausgeführt« (ebd.). Ihn »mit Joyce, Proust oder gar mit Dante zu vergleichen, diesen großen realistischen Darstellern der Individualität und bedeutenden Gestaltern menschlicher Erfahrung«, sei daher »völlig absurd« (ebd.).

Wie immer man die Romanversuche Kafkas im Einzelnen beurteilt: Es lässt sich nicht übersehen, dass er keinen von ihnen vollendet hat. Einen nach dem anderen hat er, unbefriedigt vom Ergebnis, aus der Hand gelegt. Jeder von ihnen weist Mängel auf: stilistische, konzeptionelle oder kompositorische – einerlei, ob sie nun die Ursache oder die Folgen des Abbruchs sind. Dass Kafka die Arbeit an ihnen eingestellt hat, scheint kein Zufall zu sein.

Auf jeden Fall wirft ihr fragmentarischer Charakter fundamentale Fragen auf. Beim »Schloß« ist, entgegen der Deutung Max Brods, unklar, wie der Roman enden sollte; bei »Der Prozeß« ist es die Folge der »Kapitel«. Vor allem das »Prügler«-Kapitel ist immer wieder unterschiedlich zugeordnet worden. Brod hat es dem Kapitel »Die Freundin des Fräulein Bürstner«, Pasley in der Historisch-Kritischen Ausgabe dem Kapitel »Im leeren Sitzungssaal / Der Student / Die Kanzleien« nachgestellt. Robertson schlägt dagegen vor, es auf das Kapitel »Erste Untersuchung« folgen zu lassen (vgl. Robertson, 101 f.).

[5]

Die Kritiker des Romanciers Kafka sind nicht selten die Lobredner des Erzählers. »Besides his aphorisms and parables«, schreibt Harold Bloom, »the strongest of Kafka's imaginings are brief tales or fragments« (Bloom, 417). Dieses Urteil teilen große Leser wie Jorge Luis Borges oder Walter Muschg, der sogar von Kafka behauptet hat: »Er war der wunderbarste Meister der kleinen Form« (Muschg, 179).

Was für die Erzählungen Kafkas spricht, liegt gleichfalls auf der Hand: die größere Konzentration, die größere »sprachliche Könnerschaft« (Muschg, 715), die größere Geschlossenheit. Festzuhalten ist in jedem Fall, dass sie – nicht alle, aber einige – seinen ästhetischen Ansprüchen entsprachen. Nicht nur in seinem Verständnis mögen zumindest einige von ihnen – und im Wesentlichen die, die er »gelten« ließ – tatsächlich seine Meisterwerke sein: das Vollkommenste, was er geschrieben hat. Es spricht für Kafkas unbestechliches Urteil, dass ihm das bewusst war.

Allerdings war er auch mit seinen berühmtesten Erzählungen nicht völlig zufrieden. So glücklich er war, als er »Das Urteil« in einer Nacht zu Papier bringen konnte, so skeptisch wurde er später. »Findest Du im ›Urteil‹ irgendeinen Sinn«, fragte er am 2. Juni 1913 Felice Bauer: »ich meine irgendeinen geraden, zusammenhängenden, verfolgbaren Sinn? Ich finde ihn nicht« (BaF, 394). Eine Woche darauf, am 10. Juni, kam Kafka abermals auf die Geschichte zurück:

> *Das »Urteil« ist nicht zu erklären. Vielleicht zeige ich Dir einmal paar Tagebuchstellen darüber. Die Geschichte steckt voller Abstraktionen, ohne daß sie zugestanden werden. Der Freund ist kaum eine wirkliche Person, er ist vielleicht eher das, was dem Vater und Georg gemeinsam ist. Die Geschichte ist vielleicht ein Rundgang um Vater und Sohn, und die wechselnde Gestalt des Freundes ist vielleicht der perspektivische Wechsel der Beziehungen zwischen Vater und Sohn. Sicher bin ich dessen aber auch nicht.* (BaF, 396–397)

Dass Kafka auch mit dem »Heizer« nicht ganz zufrieden war, verrät schon sein Wort von der »glatten Dickens-Nachahmung«. Doch selbst »Die Verwandlung« fand er letztlich nicht ganz gelungen. Als er sie im Dezember 1912 fertiggestellt hatte, schrieb er Felice Bauer: »meine kleine Geschichte ist beendet, nur macht mich der heutige Schluß gar nicht froh, er hätte schon besser sein dürfen, das ist kein Zweifel« (BaF, 163). Im Januar 1914 notierte er sich in sein Tagebuch: »Großer Widerwillen vor ›Verwandlung‹. Unlesbares Ende. Unvollkommen fast bis in den Grund« (T, 351).

Man würde Kafkas literarisches Urteilsvermögen verkennen, wenn man seine Selbstkritik nur als Ausdruck seiner selbstquälerischen Natur verstehen wollte. Der Schluss der »Verwandlung« fällt tatsächlich ab, und das »Urteil« steckt voller Unstimmigkeiten, die, entgegen mancher Kritikermeinung, nicht beabsichtigt waren. Schon ein zeitgenössischer Rezensent wies auf sie hin: Kurt Pinthus, damals noch Lektor des Kurt Wolff Verlags. In seiner Rezension von 1916 heißt es, »Das Urteil« sei »weniger wertvoll« als »Arbeiten wie ›Der Heizer‹ und ›Die Verwandlung‹«:

> *Während sonst Kafka mit gelassener Folgerichtigkeit seelische Vorgänge sachlich entwickelt, wird in dieser Geschichte gerade das wichtigste Geschehen der seelischen Umschaltung übergangen: Es wird nicht ersichtlich, unter welchem Zwang der junge Mann, den sein irrsinnig gewordener Vater wegen nicht begangener Sünden zum Tode des Ertrinkens verurteilt, nun alsbald wirklich sich von einer Brücke ins Wasser stürzt.* (Pinthus, zit. nach Born, 88)

Auch die großen Erzählungen Kafkas sind nicht alle makellos.

[6]

Nicht nur die Frage, ob Kafka ein Meister der kleinen oder der großen Erzählung war, ist bis heute nicht entschieden. Mit ihr ist aufs Engste die Frage verbunden, was sein Hauptwerk sei. Auch sie ist nicht leicht zu beantworten. Bei Marcel Proust oder James Joyce wäre das ohne große Mühe möglich. Aber bei Kafka? Auch dazu gibt es zumindest zwei ›Ansichten‹: Nach der einen gilt am ehesten »Der Prozeß« als sein Hauptwerk, nach der anderen »Die Verwandlung«. Offenkundig sind sie jeweils davon abhängig, ob man in Kafka mehr den Erzähler oder den Romancier sehen möchte, und für sie wie gegen sie lassen sich entsprechend die gleichen Argumente anführen.

Wenn man auch in dieser Frage Kafkas Selbstverständnis berücksichtigt, gibt es allerdings noch eine dritte Antwort. Folgt man seinem Urteil, welche seiner Texte »gelten«, dann muss man eingestehen, dass es das Hauptwerk: das eine große vollkommene Werk Kafkas, auf dem seine literarische Bedeutung beruht, nicht gibt. Auf der Höhe seiner künstlerischen Möglichkeiten zeigt ihn nicht ein einzelner Text, sondern eine Reihe von Texten und jeder für sich nur mehr oder weniger. Es sind, im Wesentlichen, Kafkas eigene Favoriten, also alles Erzählungen. Da ist zunächst »Der Heizer«, das erste und wohl gelungenste Kapitel des »Verschollenen«, das Kafka dem realistischen Erzählen noch am nächsten zeigt; dann »Das Urteil«, die Erzählung, von der er meinte, dass er mit ihr zu sich als Schriftsteller gefunden habe, auf jeden Fall seine erste gewichtige, die sich von den Prinzipien des Realismus entfernte; weiter »Die Verwandlung«, im selben Jahr entstanden wie »Das Urteil«, in seiner Phantastik zweifellos sein ungewöhnlichster Text; und »In der Strafkolonie«, ebenso unbestreitbar sein unheimlichster und grausamster. Da sind außerdem die Titelerzählungen seiner beiden späten Bände »Ein Landarzt« und »Ein Hungerkünstler«: von schillernder Traumhaftigkeit die eine, von ebenso verwirrender Ironie die andere. Hinzukommen ein paar kleinere Erzählungen wie »Der Kübelreiter« und Miniaturen, von denen die bekannteste »Auf der Galerie« sein dürfte. Der Vollkommenheit, die Kafka als Künstler erstrebte, kommen diese Erzählungen am nächsten, auch wenn nicht jede von ihnen sie erreicht hat. Dass allerdings seine Leser nicht selten zu einem anderen Urteil gelangt sind als Kafka, versteht sich seit Max Brod von selber.

[7]

Strittig bis heute sind auch die Versuche, Kafka literaturgeschichtlich einzuordnen. Das gilt vor allem für seine Kennzeichnung als ›Prager deutscher Autor‹, der zufolge er vorderhand nur einer aus der Gruppe ungefähr gleichaltriger Schriftsteller war, die Max Brod, lange der bekannteste von ihnen, später in seinem Buch den »Prager Kreis« nannte. Das war seine Formel für die »innige freundschaftliche Verbindung von vier Autoren, zu der dann später noch ein fünfter trat. Diese vier waren: Franz Kafka, Felix Weltsch, Oskar Baum und ich«, schreibt Brod (Brod: Der Prager Kreis, 39). »Nach Kafkas Tod kam Ludwig Winder hinzu« (ebd.). Nach anderer Zählung wären auch noch Franz Werfel, mit dem sich Brod allerdings überwarf, und Johannes Urzidil zu nennen. Schon bei dieser Aufzählung der Namen muss man sich fragen, was dieser ›Prager Kreis‹ letztlich gewesen ist: eine literarische Gruppe oder doch nur ein Freundeskreis von Literaten. Nicht zu übersehen ist, dass Kafkas Werk mit dem seiner Freunde literarisch nicht viel gemeinsam hat – nicht zu reden davon, dass keiner von ihnen auch nur annähernd dieselbe literarische Bedeutung erlangt hat.

Max Brod ist allerdings nicht der einzige gewesen, der Kafka mit Prag verbunden hat. Spät zwar wurde Kafka in der Tschechoslowakei entdeckt, aber gleich für deren Hauptstadt reklamiert. »Kafka aus Prager Sicht« hieß 1966 der von dem Germanisten Eduard Goldstücker herausgegebene Band, der am Vorabend des Prager Frühlings einen neuen Blick auf den Autor eröffnen sollte. Allerdings dauerte es dann noch einmal drei Jahrzehnte, bis die erste tschechische Gesamtausgabe der Schriften Kafkas zu erscheinen begann, die schließlich 2007 abgeschlossen wurde – fast ein Jahrhundert, nachdem er zu veröffentlichen begonnen hatte.

Dass Kafka ein Prager Autor gewesen sei, mag auf den ersten Blick einleuchten – wenn damit gemeint ist, dass er in der Stadt gelebt hat. Dass Prag der Ort seiner Romane und Erzählungen sei, gilt schon nicht in derselben Weise. In seinen Romanen wird die Stadt gar nicht genannt; in einer Erzählung wie »Beschreibung eines Kampfes« wird sie immerhin beschrieben; ansonsten wird sie aber auch in seinen Geschichten nicht erwähnt. Kafkas Werk ist nicht im selben Sinn auf Prag zu beziehen wie das von Proust auf Paris oder das von Joyce auf Dublin.

Wenn man Kafkas Werk gleichwohl eng mit seiner Heimatstadt verbindet, so vor allem wegen der Atmosphäre mancher dargestellter Orte, die seine Interpreten, zumal die aus Prag, an sie erinnert haben. Für sie ist Kafkas Werk in einem tieferen Sinn nur von den Eigenarten der Stadt her zu verstehen. Das hat Willy Haas gemeint, als er schrieb: »Kafka scheint mir ein noch viel verschlosseneres österreichisches, jüdisches, Prager Geheimnis zu sein, zu dem nur wir den Schlüssel haben« (Haas, 32): ›Wir‹: Das waren Kafkas Prager Freunde und Bekannte.

Einer von ihnen war Johannes Urzidil, der bei der Trauerfeier für Kafka, nach Max Brod, gesprochen hat. Auch er hat, wie Willy Haas, Kafkas Werk als zutiefst Pragerisch angesehen:

> Obzwar Prag in Kafkas Werk höchstens in gelegentlichen Umschreibungen deutlich wird, ist es doch überall in den Schriften enthalten, wie das Salz jenes buddhistischen Gleichnisses im Wasser. Obzwar das Salz als solches nicht sichtbar wird, schmeckt dennoch das Wasser ganz und gar salzig. So ließe sich in jeder Gestalt, jeder Situation, jeder Milieuschilderung Kafkas das Pragerische nachweisen. (Urzidil, 11)

Für seine etwas kühne Behauptung hat Urzidil ein Beispiel gegeben:

> *›Die Verwandlung‹, nach deren Erscheinen Kafka zu dem Vater meiner Frau, Professor Karl Thieberger, den er auf der Straße traf, bemerkte: »Was sagen Sie zu den schrecklichen Dingen, die sich in unserem Haus abspielen?« Wer das für einen bloßen Scherz hielte, der weiß eben nichts von Kafka. Es war – wie fast alles bei ihm – zwar Ironie, aber eben nicht bloße Ironie, sondern zugleich ernster Realismus.* (ebd., 11)

In der Tat mag man sich bei dieser vielleicht nicht sehr belastbaren Anekdote fragen, wer sie missversteht: der, der die Bemerkung Kafkas für einen seiner ironischen Scherze hält – oder der, der in ihr mehr sehen will: ›ernsten Realismus‹, von dem man im Fall der »Verwandlung« nicht genau weiß, wie er denn aussehen sollte.

Urzidils Argumentation zielt allerdings über das eine Beispiel hinaus: auf das, was die »eigentliche Essenz jenes Prag« ausmacht, die man »durch Kafka vollkommener begreifen und definieren« (ebd.) könne »als durch jeden anderen Autor«. Sie scheint für Urzidil die »völlige Koinzidenz der Sprache des Lebens mit der des Dichtens« (ebd., 12) zu sein. Gegen diese Annahme einer vollständigen Einheit von Leben und Werk kann man allerdings einige Gegengründe vorbringen. Am schwersten dürfte der phantastische Charakter der Einfälle Kafkas wiegen. Zu bezweifeln ist aber auch, dass es wirklich eine Übereinstimmung, ja Deckung zwischen seinem ganz eigenen Deutsch und der Sprache der Prager gegeben hat.

[8]

Die Kennzeichnung Kafkas als eines ›Prager deutschen Autors‹ hat schon früh durch den Hinweis auf seine jüdische Herkunft einen eigenen Akzent erhalten. Inzwischen ist immer wieder zu lesen, dass Kafka ein jüdischer Schriftsteller gewesen sei. Diese Einordnung stützt sich nicht unbedingt auf sein literarisches Werk, in dem, wie schon Brod bemerkte, das Wort ›Jude‹ nicht vorkommt (vgl. Brod: Über Franz Kafka, 119). Es sind vielmehr die Spuren des Prager jüdischen Lebens in Kafkas Briefen und Tagebüchern, die ihm den Ruf eingebracht haben, ein jüdischer Schriftsteller zu sein. Seit im Winter 1911/12 eine Lemberger jiddische Theatertruppe unter der Leitung Jizchak Löwys in Prag gastierte, hat sich Kafka auf vielerlei Weise mit dem Judentum beschäftigt, dem er und seine Familie längst mehr oder weniger entfremdet waren. Er hat jiddische Literatur gelesen, Bücher über jüdische Kulturgeschichte durchgearbeitet und Hebräisch gelernt. Als er im Jahr vor seinem Tod in Berlin lebte, besuchte er sogar Vorträge und Vorlesungen in der Hochschule des Judentums.

Immer wieder hat er sich in seinen Tagebüchern und Briefen über Juden, Ost- wie Westjuden, geäußert. In der Beziehung zu Felice Bauer spielt von Anfang an das Interesse an Palästina eine große Rolle. In seinem ersten Brief, den er ihr schrieb, erinnerte er sie daran, dass er »ihre Hand hielt, mit der Sie das Versprechen bekräftigten, im nächsten Jahr eine Palästinareise mit ihm machen zu wollen« (BaF, 43). 1916 ermunterte er sie, in einem Heim für jüdische Flüchtlingskinder zu arbeiten, und schrieb ihr: »Es ist das Heim, das uns so nahe bringt« (ebd., 699). Ohne Zweifel fühlte sich Kafka dem Judentum verbunden.

Doch auch in seinem Verhältnis zu ihm gab es zwei ›Ansichten‹. Schon 1913 hat Kafka wiederum Felice Bauer von einer

Reise nach Wien anvertraut: »Heute früh war ich im zionistischen Kongress. Die richtige Anknüpfung fehlt mir. Im einzelnen habe ich sie, über das Ganze hinaus auch, im eigentlichen aber nicht« (BaF, 462). 1914 notierte er gar in sein Tagebuch: »Was habe ich mit Juden gemeinsam? Ich habe kaum etwas mit mir gemeinsam und sollte mich ganz still, zufrieden damit, daß ich atmen kann, in einen Winkel stellen« (Tb, 350). Auch zum Judentum stand Kafka in einer Spannung.

Gleichwohl hat er nicht aufgehört, sich als Jude zu verstehen. Allerdings ist seine jüdische Identität weder religiös noch politisch begründet gewesen. Er betrachtete sich als einen ›Westjuden‹ im Unterschied zu einem ›Ostjuden‹ wie Jizchak Löwy und als einen ungläubigen im Unterschied zu einem gläubigen Juden wie seinem Freund Max Brod. Kafka, assimiliert und atheistisch, wie er war, begriff sich jenseits der politischen und religiösen Tradition als Jude, ähnlich wie auch manche seiner späteren Leser, bis hin zu Hannah Arendt. Auf diesen Umstand zielte seine Bemerkung gegenüber Milena Jesenská: »Wir kennen doch beide ausgiebig charakteristische Exemplare von Westjuden, ich bin, soviel ich weiß, der westjüdischste von ihnen« (BaM, 294).

Dass in Kafkas literarischem Werk, soweit er es veröffentlicht hat, das Wort ›Jude‹ nicht vorkommt, hat allerdings einige Interpreten nicht daran gehindert, es einer jüdischen Lektüre zu unterziehen. Triftig mag das eher bei einem unveröffentlichten Text wie »Das Tier in der Synagoge« sein, das, so Saul Friedländer, »die einzig ausdrücklich jüdische Geschichte in Kafkas erzählendem Werk« (Friedländer, 98) ist. Es mag auch verlockend sein, nach Spuren des Jüdischen in Texten Kafkas zu suchen, die unter der Oberfläche zu finden sind, unausgesprochen, mitunter vielleicht absichtsvoll verborgen. Doch bleibt bedenkenswert, was Louis Begley über den Versuch schrieb, Kafka zu einem jüdischen Autor zu machen:

Wer Kafkas Dichtungen liest wie Geschichten und Parabeln über antisemitische Erfahrungen, garniert mit Anspielungen für ein eingeweihtes jüdisches Publikum, der unterschätzt ihn. In seinen Dichtungen ging er weit über seine jüdische Erfahrung und seine jüdische Identität hinaus. (Begley, 117)

Ähnlich hat auch Hannah Arendt hervorgehoben, dass Kafka die »Darstellung eines Menschen« gelungen sei, »dessen Verhalten weit über den Kreis rein jüdischer Problematik hinaus neu und gültig war« (Arendt: Tradition, 67).

Sowohl die lokale wie die religiöse Perspektive verengen den Blick auf Kafkas Werk, das sie nicht im Ganzen zu erfassen vermögen. Kaum zu übersehen ist, dass es mit der jüdischen Literatur seiner Zeit, zumal der jiddischen, die er eingehend studierte, ästhetisch wenig gemeinsam hat – und dass es gleichfalls kaum etwas mit denen seiner Prager Freunde verbindet. Natürlich kann man Franz Kafka in einer Reihe mit Brod, Weltsch, Baum, Winder, Werfel und Urzidil nennen, weil sie alle eben Prager waren. Man kann ihn aber auch der »Generation der Neuerer« (Kundera: Vermächtnisse, 47) in der modernen europäischen Kunst zurechnen, etwa »Strawinsky, Webern, Bartók, Apollinaire, Musil, Joyce, Picasso, Braque« (ebd.). Das hat Milan Kundera getan, auch um zu zeigen, dass »der Wert und Sinn eines Werks« allein »im großen internationalen Kontext richtig eingeschätzt werden« kann (ebd., 237–238). Man kann sogar noch einen Schritt weiter gehen und wie Louis Begley behaupten, dass Kafka als Autor über das historisch und kulturell Besondere hinausgegangen sei: »Sein Thema war die conditio humana« (Begley, 117).

IV.
Der »magerste Mensch«: Die Person

Das Leben ist eine fortwährende Ablenkung,
die nicht einmal zur Besinnung darüber kommen
lässt, wovon sie ablenkt.

(HadL, 334)

[1]

Franz Kafka war für seine Leser am Anfang nur ein Autor: der Verfasser einer Handvoll schmaler Bücher. Erst nach seinem Tod ist er für sie zur Person geworden, vor allem durch die Tagebücher und Briefe, die Max Brod herausgab, und durch die Biographie, die er über ihn veröffentlichte, und der schon bald Erinnerungen anderer Freunde an ihn folgten. Inzwischen ist Kafkas Leben bis ins Kleinste erforscht. Wir wissen, wie sein Abiturzeugnis aussah, mit welcher Note er promoviert hat, wann er seine Bürostunden hatte, dass er gern schwamm, gelegentlich ins Bordell ging, lärmempfindlich war, wie er sich ernährt hat, was für Anzüge er bevorzugte, welche Medikamente er nahm, wie die offizielle Todesursache lautete und vieles andere mehr. Kurz: wir wissen inzwischen mehr über ihn als zu Lebzeiten selbst seine besten Freunde, Max Brod eingeschlossen.

Biographischen Arbeiten über Kafka wurde in der Forschung lange Skepsis entgegengebracht. Noch 1965, fast drei Jahrzehnte, nachdem Brod seine Biographie veröffentlicht hatte, schrieb Heinz Politzer:

Ein Mensch wie Franz Kafka wird nicht, er ist. Wenn eine ›innere Biographie‹ den Werdegang, die Ent-Wicklung, eines Künstlers darzustellen bestimmt ist, dann besitzt Franz Kafka keine ›innere Biographie‹ und nur das Mindestmaß einer ›äußeren‹.

(Politzer: Das Kafka-Buch, 7)

Dass man von Kafkas Leben nicht viel wissen müsse, impliziert auch Adornos vielsagender Satz: »Die Autorität Kafkas ist die von Texten« (Adorno, 305).

Aber nicht nur den Verehrern des Schriftstellers, die sich lieber an sein Werk halten, mag die bis in alle erdenklichen Einzelheiten gehende Erforschung seines Lebens zweifelhaft sein. Kafka selbst wäre entsetzt gewesen über die Neugier der Nachwelt – vor allem, weil sie seiner Person und seinem Leben gilt. Ihm selber war sie allerdings keineswegs fremd. Auch er verschlang die Biographien der Dichter, die er bewunderte, etwa die Flauberts. Über Goethe und seine Familie notierte er sich sogar kompromittierende Details, die er in einem Artikel gefunden hatte. Dennoch wollte er selbst nicht Gegenstand solcher Wissbegier werden und bat Brod auch alle persönlichen Aufzeichnungen, Briefe und Tagebücher eingeschlossen, zu vernichten.

Doch nur zu Lebzeiten kann sich ein Autor vor den Zudringlichkeiten seiner Leser schützen. Das Eindringen der Öffentlichkeit in sein Privatleben ist ein Preis des Ruhms. Je größer die Anerkennung der literarischen Leistung, umso größer ist das Interesse an der Person und an der Persönlichkeit, die sie hervorgebracht hat. Mitunter steht dahinter nichts als Neugier, Lust an der Entlarvung der menschlichen Gewöhnlichkeit ungewöhnlicher Menschen, ein Wunsch nach der Nivellierung des Außerordentlichen und die Suche nach einer Nähe, die den tatsächlichen Abstand überspringt. Das biographische Interesse kann allerdings auch von der Überzeugung geleitet sein, dass Leben und Werk in einem engen, geradezu unauflöslichen Zusammenhang stehen. Das Leben wird, so gesehen, zur Bedingung des Werks. Das Werk ist aus dem Leben entstanden, und deshalb muss man es zu ihm zurückführen, wenn man es verstehen und erklären will.

Allerdings gibt es wohl kaum einen modernen Autor, bei dem der Zusammenhang zwischen beidem so lose ist wie bei Franz Kafka. Wenn er sich etwa als ›ungesellig‹ oder ›exzentrisch‹ beschrieb, dann hat er nicht nur die Eingeschränktheit seines sozialen Lebens hervorheben wollen. Er hat damit auch die Bedingungen für sein ›Schreiben‹ genannt. Sich aus der Gesellschaft anderer, selbst der Familie, zurückzuziehen, nicht an dem teilzunehmen, was für andere selbstverständlich ist, und mögliches soziales Leben ungelebt zu lassen, war für ihn die Voraussetzung der schriftstellerischen Arbeit.

Auf sein gelebtes Leben ist Kafka auch schreibend kaum zurückgekommen. Er hielt es weitgehend aus seinem Werk heraus – wenngleich er gelegentlich einige Verbindungen selbst hergestellt hat, so etwa zwischen dem Namen seiner Verlobten Felice Bauer und dem der Verlobten Georg Bendemanns in »Das Urteil«, die Frieda Brandenburg heißt. Kafka hat aber nur einen Text geschrieben, den man autobiographisch nennen kann, den von Brod so genannten »Brief an den Vater«, der allerdings nicht als literarisches Werk beabsichtigt war. Dass Kafka darüber hinaus wenig Anstalten machte, über sein Leben zu schreiben, dürfte auch mit seiner Überzeugung zusammenhängen, dass man die Wahrheit über sich selbst nicht sagen könne.

Mehr als aus seinem Leben und aus der politischen und sozialen Wirklichkeit seiner Zeit hat Kafka aus seiner Einbildungskraft geschöpft. Sein Leben – Personen, Situationen, Konstellationen – benutzte er gelegentlich als Material, das er allerdings zunehmend frei bearbeitete. Kennzeichnend für seine Erzählungen und Romane sind letztlich weniger die Bezüge zu seinem Leben als seine Art der Phantasie, durch die er es in Literatur verwandelt hat. Gerade Kafkas Werk bestätigt die Ansicht, dass ein Kunstwerk »mehr ist als der, der es schuf« (Arendt: Vita activa, 264).

Letztlich stehen sich so zwei entgegengesetzte Ansichten über den richtigen Zugang zu Kafka scharf gegenüber. Nach der einen ist das Werk nicht von der Person und ihrem Leben zu trennen, über die man deshalb so viel wie möglich wissen muss. Nach der anderen geht die Öffentlichkeit sein Leben nicht viel an, schon weil er als Person für sie unsichtbar bleiben wollte. Als wenig aussagekräftig gelten ihr die Forschungen zu seiner Biographie aber vor allem, weil sein Werk der Wirklichkeit seiner Zeit eher abgewandt als ihr zugewandt war. Was sein Leben in dieser Sicht bedeutend gemacht hat, gehört vielmehr zum »Leben des Geistes« (Hannah Arendt), das selbst unsichtbar und nur an dem zu erkennen ist, was es hervorgebracht hat.

[2]

Über das äußere Leben des Literaturmenschen Franz Kafka könnte man sich kurz fassen – wenngleich nicht so kurz wie er selbst, dessen Curriculum Vitae für die Bewerbung um seine erste Stelle bei den Assicurazioni Generali 1907 nicht einmal eine Seite umfasst. Sein Leben war nicht sehr ereignisreich; in der Öffentlichkeit hat er nicht gestanden; vom Zeitgeschehen war er genauso betroffen wie Millionen andere; in den Lauf der großen Dinge eingegriffen hat er nicht. Was Kafka war, wenn er sich nicht als Schriftsteller betätigte, ist ebenso schnell gesagt: ältester Sohn einer bürgerlichen jüdischen Familie, Beamter einer halbstaatlichen Versicherungsgesellschaft, Junggeselle. Im Wechselspiel dieser Rollen, von denen keine ihn glücklich machte, lebte er sein kurzes Leben. Mit Mitte Dreißig kam die des Kranken hinzu, die er als unaufhebbar ansah. Sie war das insofern tatsächlich, als er nicht geheilt wurde.

Die weitaus meiste Zeit seines Lebens hielt sich Kafka an einem Ort auf. In Prag ist er geboren, in Prag ging er zur Schule, in Prag studierte er, und in Prag kam er seinem Brotberuf nach, bis er mit 39 Jahren frühzeitig pensioniert wurde. Da hatte er noch zwei Jahre zu leben. Erst im letzten Jahr verließ er für längere Zeit die Stadt und lebte in Berlin, das einzige Mal zusammen mit einer Frau, der deutlich jüngeren Dora Diamant oder Dymant. Gestorben ist er in der Nähe von Wien, begraben wurde er in Prag.

Kafkas Welt war die böhmische Metropole in den zwei Jahrzehnten vor und nach 1900, als sie noch zum Habsburger Reich gehörte, bevor sie Hauptstadt der Tschechischen Republik wurde. Seine Eltern stammten von jüdischen Familien ab, der Vater, Hermann Kafka, von armen Landjuden aus dem südlichen Böhmen, die Mutter, Julie, geb. Löwy, von wohlhabenderen Juden nordöstlich von Prag, unter denen außer Händlern und Unternehmern auch Rabbiner und Talmudgelehrte waren. Kafkas Vater brachte es als selbständiger Kaufmann in Prag zu Wohlstand. Seine Geschäfte befanden sich im Zentrum der Stadt, ebenso wie die Wohnungen der Familie. Sie waren geachtete Bürger, die mehr Deutsch als Tschechisch sprachen und mit dem Glauben ihrer Vorfahren nicht brachen, ihn aber nur wenig praktizierten und ansonsten weitgehend assimiliert waren.

Kafkas Freunde kamen wie er aus dem jüdischen Bürgertum Prags: Max Brod und sein Bruder Otto, Oskar Baum und Felix Weltsch. Juden waren auch sein im Ersten Weltkrieg gefallener Schulfreund Oskar Pollak, der Schauspieler Jizchak Löwy, den er als Leiter einer jiddischen Wanderbühne in

Prag kennenlernte, der Arzt und Schriftsteller Ernst Weiß aus Brünn, schließlich sein letzter Freund, der in Budapest geborene, gleichfalls tuberkulosekranke Mediziner Robert Klopstock. Die beiden Frauen, mit denen Kafka sich verlobte, Felice Bauer und Julie Wohryzek, waren Jüdinnen, ebenso wie Dora Diamant, seine letzte Geliebte. Nur Milena Jesenská, deretwegen er die Verbindung mit Julie Wohryzek endgültig auflöste, war tschechische Christin.

Kafkas soziales Leben war aber nicht nur von seiner Herkunft geprägt, sondern auch, ja wenigstens zeitweise noch mehr von seiner Hingabe an die Literatur. Sie spielt in seine Beziehungen zu Frauen wie zu Freunden hinein und hat sie bestimmt. In ihnen verhielt er sich, offen oder verborgen, immer auch als Autor. Felice Bauer hat er versucht, zur Schriftstellerfrau zu erziehen. Milena Jesenská war Journalistin und Übersetzerin – und seine erste Übersetzerin ins Tschechische. Seine Freunde schrieben alle, nicht nur Max Brod, der bekannteste von ihnen, auch Oskar Baum und Felix Weltsch, Otto Brod und Johannes Urzidil, schließlich Ernst Weiß und, nicht zu vergessen, Franz Werfel. Wenn er von sich behauptete, er hasse alles, »was sich nicht auf Literatur bezieht« (T, 311), dann wird das durch die Wahl seiner Freunde bestätigt. Kafka, der offenbar ein guter Freund war – ein besserer Freund als ein Sohn oder Bräutigam –, suchte die Nähe von Schriftstellern. In seinem Krisensommer 1922 schrieb er Max Brod: »ich bewundere zwar jeden Menschen, aber den Schriftsteller besonders [...]; die meisten Schriftsteller, die ich kenne, kommen mir, wenigstens in Person, behaglich vor« (B, 383). In Prag hatte er beides: Freunde, die Schriftsteller waren, Schriftsteller, die seine Freunde wurden.

Das kurze Leben des Franz Kafka kann man, das alles ordnend, in verschiedenen Varianten, unterschiedlich akzentuiert, darbieten. Ein Versicherungsjurist, der nur in seiner freien Zeit schreiben kann, früh schwer erkrankt und stirbt, bevor er als Schriftsteller bekannt wird: Das ist die kürzeste Version seiner Lebensgeschichte. Man kann sie mit anderer Betonung etwas ausführlicher erzählen: Als die Geschichte eines Mannes, der sich von seiner Heimatstadt und seiner Familie kaum entfernte, unter dem autoritären Vater litt, sich nicht überwinden konnte, selbst eine Familie zu gründen, sich dreimal verlobte und wieder entlobte und erst im letzten Jahr mit einer Frau zusammenlebte, schon todkrank. Man kann sie, noch etwas anders, als die Geschichte eines deutschsprachigen Prager Juden des frühen 20. Jahrhunderts erzählen, der, weitgehend assimiliert, mit fast 30 Jahren begann, sich für die Religion seiner Vorfahren zu interessieren, ohne allerdings zu ihr zurückkehren zu können. Und man kann schließlich die Geschichte des Franz Kafka als die eines zweifelnden, selbstunsicheren und nicht sehr vitalen Menschen erzählen, der immer zu wenig Zeit für sich hatte und es nicht wagte, so zu leben, wie er es sich wünschte: für das Schreiben.

In der einen wie der anderen Variante erweist sich Kafkas Leben als eines voller Spannungen, in denen, ja aus denen heraus er lebte. Er lebte in einer Spannung zu seiner Familie, von der er sich auch am Ende seines Lebens nicht ganz trennen konnte, zu den Frauen, in die er sich verliebte und die er dennoch nicht heiraten wollte, schließlich zu dem Brotberuf, den er nur widerstrebend ausübte und in dem er gleichwohl tüchtig war.

Aber wie immer man das Leben Kafkas erzählen mag: Bedeutend war es nicht. Wäre es nicht seines gewesen, hätte kaum einer es für nötig erachtet, es zu erzählen. Nach außen hin war es wenig bemerkenswert, eher glanzlos, kaum beachtet von der Öffentlichkeit, an die Kafka sich doch mit seinem Schreiben wandte. Er führte nicht das Leben eines ›großen Mannes‹, dem man nachsagen könnte, dass er Geschichte geschrieben hätte. Eingegangen ist er allein in die Literaturgeschichte.

An den wichtigen Ereignissen seiner Zeit: dem Ersten Weltkrieg, dem Zerfall des Habsburger Reiches und der Gründung der Tschechischen Republik, schließlich an der Weltwirtschaftskrise nahm er nicht viel Anteil. Er lebte sein eigenes Leben, unauffällig und stationär. Es war äußerlich streng geregelt und wurde unterbrochen nur von einigen Reisen, deren beiden für ihn wichtigsten nach Paris führten, weiter von Kur- und Sanatoriumsaufenthalten, die an Häufigkeit zunahmen, nachdem seine Krankheit 1917 ausgebrochen war. Wenn dieses Leben eine eigene Dramatik gehabt hat, dann lag sie ganz in der Person: in ihren Ängsten und Zweifeln, in ihren Krisen und Rettungsversuchen. Allerdings mag auch das für Historiker oder Psychologen noch aufschlussreich sein.

Das wichtigste Ereignis dieses Lebens aus der Sicht eines Literaturwissenschaftlers dürfte dagegen der Entschluss gewesen sein, es ganz auf das Schreiben auszurichten: Kafkas Entscheidung für ein ihm angemessenes inneres statt eines erfolgreicheren äußeren Lebens. Die Existenz des Schreibenden, in der er sich selbst fand oder zumindest zu finden hoffte, verschärfte allerdings die Spannungen zu seinem bürgerlichen Dasein, das er leben musste oder zumindest glaubte, leben zu müssen. Er versuchte, es so zu gestalten, dass es ihn in seiner nach außen hin nur punktuell sichtbaren literarischen Existenz so wenig wie möglich beeinträchtigte oder einschränkte. Dass ihm das nicht gelang, auch wohl nicht gelingen konnte, zehrte an seinen Kräften, verstimmte ihn, trieb ihn nicht selten sogar in die Verzweiflung.

[3]

Bei aller Bemühung, möglichst viel Zeit für sich zum Schreiben zu haben, war Kafkas Leben dennoch nicht »monoton« (Politzer: Das Kafka-Buch, 7). Ereignisreichere Jahren wechselten mit ereignislosen, gute mit schlechten ab. Gut oder schlecht waren sie allerdings zumeist in einer bestimmten Hinsicht: Kafka beurteilte sein Leben und seine Lebensweise in der Regel nicht für sich, sondern in Bezug auf sein Schreiben.

Zu den schlechten Jahren zählt nicht unbedingt 1917, wie man glauben könnte. 1917 wurden zwar nach einem Lungenblutsturz die Anfänge der Tuberkulose diagnostiziert, an der Kafka sieben Jahre später starb. Das brachte ihn u.a. dazu, sich endgültig von seiner ersten Verlobten Felice Bauer zu trennen. Trotz seines schlechten Gesundheitszustandes schrieb er viel in dieser Zeit, vor allem Erzählungen, die er in seinem vorletzten Band »Ein Landarzt« sammelte. Daneben brachte er noch einige kleine Stücke zu Papier, die nicht weniger berühmt geworden sind, wie »Die Wahrheit über Sancho Pansa« und »Das Schweigen der Sirenen« (deren Titel allerdings von Max Brod stammen).

Ein ungleich tristeres Jahr für Kafka war 1915, und es ist nicht schwer zu erkennen, warum. Die Lichtblicke sind schnell aufgezählt. »Die Verwandlung« erschien im November, ungefähr drei Jahre nach ihrer Entstehung. Im Dezember gab Carl Sternheim den Fontane-Preis, der ihm zuerkannt worden war, an Kafka weiter. Es war die einzige literarische Auszeichnung seines Lebens. Ansonsten knüpfte Kafka, nach der ersten Entlobung, die Verbindung zu Felice Bauer neu, ohne allerdings von ihrer Haltbarkeit überzeugt zu sein. Im März bezog er sein erstes eigenes Zimmer, nachdem er im letzten Jahr in den Wohnungen seiner beiden Schwestern Valli und Elli gelebt hatte. Mit Ottla, seiner jüngsten Schwester, reiste er im April nach

Ungarn. Im Juli machte er eine Kur in einem nordböhmischen Sanatorium. Beide Reisen verstimmten ihn.

Begonnen hatte das Jahr mit einem Ende. Im Januar hatte er das letzte Kapitel seines zweiten Romans, »Der Prozeß«, abgeschlossen, aber er war unzufrieden mit dem Ergebnis und legte das Manuskript beiseite. Er unternahm keine Anstrengungen, es zu veröffentlichen. Viel mehr brachte er in diesem Jahr nicht zustande. Seine »Hundegeschichte« (T, 463), »Forschungen eines Hundes«, begonnen als Gegenstück zu Flauberts letztem Roman »Bouvard und Pécuchet«, bekam er nicht in den Griff, ebenso wenig wie die Erzählung »Der Riesenmaulwurf«.

Im Tagebuch gab Kafka sich verdrießlich, wenn nicht verzweifelt: »schöpferisch nur in Selbstquälerei« (ebd., 464) nannte er sich am 25. Februar. Auf seiner Ungarn-Reise mit Ottla beschrieb er sich am 27. April als »unfähig, mit Menschen zu leben, zu reden« (ebd., 468). Mitte September quälten ihn Selbstmordgedanken; er überlegte, wie man sich mit einem Messer am wirkungsvollsten in den Hals stechen könne. Im Oktober schließlich fragte er sich:

> *Bin ich gebrochen? Bin ich im Niedergang? Fast alle Anzeichen sprechen dafür (Kälte, Stumpfheit, Nervenzustand, Zerstreutheit, Unfähigkeit im Amt, Kopfschmerzen, Schlaflosigkeit), fast nur die Hoffnung spricht dagegen.* (ebd., 484)

Er verzeichnete »nutzlos verbrachte Tage« (ebd., 488): Tage, an denen er nicht schrieb. »Ich verbrauche mich sinnlos, wäre glückselig, schreiben zu dürfen, schreibe nicht« (ebd., 489), stellte er, bilanzierend, gegen Ende des Jahres fest. Ein schlechtes Jahr: ein Jahr ohne literarischen Ertrag. Nicht schreiben zu können war für Kafka Unglück. Was er 1915 erfuhr, ohne dass er es aussprach, war die Unkalkulierbarkeit künstlerischer Kreativität. Offenbar gelang es ihm nicht, durch das Aufschreiben, das Notieren im Tagebuch, zum »Schreiben« zu gelangen.

Durch fortgesetzte Übung, selbst methodische, ließ sich ein Werk nicht herbeiführen.

[4]

Sucht man nach einem guten Jahr in Kafkas Leben, wird man meist auf 1912 verwiesen. Auch in diesem Fall ist nicht schwer zu erkennen, warum: Es war ein Jahr, in dem ihm das Schreiben gelang. Allerdings begann es für Kafka unergiebig. Immer wieder musste er sich um die ihm verhasste Asbestfabrik des Mannes seiner Schwester Elli, Karl Herrmann, kümmern, an der er, mit Geld seines Vaters, Anteile erworben hatte. Dem Drängen seiner Eltern, dort in Abwesenheit des Schwagers nach dem Rechten zu sehen, konnte er sich kaum entziehen, da der Vater krank war und seine Geschäfte schlecht gingen. Diese nicht zuletzt psychische Last, die ihm Zeit zum Schreiben nahm, brachte ihn im Herbst an den Rand des Selbstmords.

In Prag besuchte Kafka Anfang des Jahres weiter die Vorstellungen der jiddischen Schauspielertruppe aus Lemberg und traf sich mit deren Leiter, Jizchak Löwy, mit dem er sich angefreundet hatte. Er ging zu verschiedenen Lesungen und Vorträgen anderer Autoren und las vor allem Goethe. Aber zum Schreiben kam er zunächst kaum. Das brachte ihn zunehmend zur Verzweiflung.

Ende Februar, nach seiner Beschäftigung mit Goethe, fasste er einen Entschluss: »Das Tagebuch von heute an festhalten! Regelmäßig schreiben! Sich nicht aufgeben. Wenn auch keine Erlösung kommt, so will ich doch jeden Augenblick würdig ihrer sein« (ebd., 249). Er meinte die Erlösung durch das Schreiben. Sie stellte sich lange nicht ein. Noch am 1. Juni notierte er lapidar in sein Tagebuch: »Nichts geschrieben«; am 2. fügte er hinzu: »Fast nichts geschrieben« (ebd., 279). Tatsächlich brachte er, wenn überhaupt, nur kleine Prosastücke zustande. Im Januar schrieb er »Der plötzliche Spaziergang«, im Februar »Entschlüsse«, später noch »Wunsch, Indianer zu werden«.

Im Juni reiste er mit Brod nach Leipzig, wo er den Verleger Ernst Rowohlt kennenlernte. »Rowohlt«, notierte er verwundert und erfreut in sein Tagebuch, »will ziemlich ernsthaft ein Buch von mir« (ebd., 652). Von Leipzig aus fuhren Kafka und Brod nach Weimar, auf Goethes Spuren. Daran schloss sich eine Kur in einem Sanatorium im Harz an. Zurück in Prag, stellte Kafka für seine Verhältnisse erstaunlich schnell einen Band mit kurzen Texten zusammen. Mitte August sandte er Rowohlt »die kleine Prosa« (ebd., 283). Das Buch erschien noch im selben Jahr, Mitte Dezember mit dem Datum 1913, unter dem Titel »Betrachtung«. Es war Kafkas erstes Buch.

Am Tag, bevor er das Manuskript abschickte, hatte er bei Brod eine junge Frau aus Berlin, vier Jahre jünger als er, kennengelernt: Felice Bauer. Fünf Wochen später, am 20. September, schrieb er ihr – den ersten Brief von hunderten, die er in den nächsten fünf Jahren folgen ließ. Im Juni 1913 hielt er das erste Mal um ihre Hand an.

Felice Bauer gewidmet ist die Erzählung »Das Urteil«, die Kafka in einer Nacht, der vom 22. auf den 23. September, geschrieben hat. Mit ihr glaubte er endlich seinen Weg als Schriftsteller gefunden zu haben: »Nur *so* kann geschrieben werden, nur in einem solchen Zusammenhang, mit solcher vollständigen Öffnung des Leibes und der Seele« (ebd., 294). Ende September nahm er die Arbeit an seinem ersten Roman, den er »Der Verschollene« nannte, wieder auf. Sechs Kapitel, ungefähr 270 Manuskriptseiten, waren am 12. November fertig. Das erste, »Der Heizer« überschrieben, las er Mitte Oktober Max Brod vor. Irgendwann entschloss er sich, es separat zu veröffentlichen. Ende Mai 1913 erschien die novellenlange Geschichte im Kurt Wolff Verlag.

Am 14. November 1912 nahm Kafka die Arbeit an seinem Roman wieder auf und setzte sie bis in den Januar 1913 hinein fort. Mitte November, am 17., begann er mit einer weiteren Geschichte, die bald den Titel »Die Verwandlung« erhielt. Anfang Dezember – am 7. – war sie fertig. Gut eine Woche später las er sie seinen Freunden vor, die den ersten Teil schon kannten.

In den drei Monaten, die vergangen waren, seit Kafka um Felice Bauer zu werben begonnen hatte, hatte er nicht nur seinen ersten Roman vorangetrieben, sondern auch drei der Erzählungen geschrieben, auf die sich sein Weltruhm gründet. Hatte er noch im Juni vermerkt, wie wenig er zu Papier gebracht hatte, so notiert er Ende September: »Vom Schreiben mich mit Gewalt zurückgehalten« (ebd., 295). 1912 war unversehens sein produktivstes Jahr geworden und blieb es bis zum Ende. »Es ist also«, schreibt Elias Canetti über den Kafka dieses Jahres, »nicht nur von unserem späteren Standpunkt aus gesehen, eine großartige Periode; es gibt nur wenige Zeiten in seinem Leben, die sich mit dieser vergleichen lassen« (Canetti: Der andere Prozeß, 17).

Sicher hat Kafka seit dem Sommer die Aussicht auf sein erstes Buch befügelt – gut vier Jahre nach der ersten Veröffentlichung in Franz Bleis Zeitschrift »Hyperion«. Canetti hat aber einen anderen Grund für Kafkas Produktivität im letzten Drittel des Jahres 1912 namhaft gemacht:

> *Er hat gefühlt, was er brauchte: eine Sicherheit in der Ferne, eine Kraftquelle, die seine Empfindung nicht durch zu nahe Berührung in Verwirrung brachte, eine Frau, die für ihn da war, ohne mehr von ihm zu erwarten als seine Worte, eine Art Transformator, dessen allfällige technische Fehler er so weit kannte und beherrschte, daß er sie durch Briefe auf der Stelle beheben konnte.* (ebd., 17–18)

[5]

Wenn man Kafkas Leben nicht nur als das eines Schriftstellers erzählen will, mag es aus heutiger Sicht noch am meisten Interesse als das eines deutschsprachigen Prager Juden verdienen, der Teil einer Welt war, die untergegangen ist. Sie ist es aber nicht so, wie vieles, was vor hundert Jahren einmal da war, mit der Zeit verschwindet, eben wie Leben vergeht. Sie ist vernichtet worden. Kafka hat das allerdings nicht mehr erlebt, im Unterschied zu seiner Familie und seinen Freunden. Die meisten Menschen, die er kannte, wurden Opfer der nationalsozialistischen Judenverfolgung. Sie wurden deportiert, erschossen oder vergast. Seine Schwestern Elli und Valli wurden 1942 in Chelmno, Ottla 1943 in Auschwitz ermordet, wie auch Julie Wohryzek im folgenden Jahr. Vallis Mann und ihre Tochter Hanna kamen gleichfalls in Chelmno ums Leben, Ellis Sohn Felix wurde bereits 1940 vergast.

Oskar Baum starb vor der Deportation; seine Frau endete in Theresienstadt. Ernst Weiß nahm sich beim Einmarsch der deutschen Truppen in Paris das Leben. Jizchak Löwy wurde 1942 nach Treblinka deportiert und dort vermutlich ermordet. Milena Jesenská starb im KZ Ravensbrück, Otto Brod in Auschwitz. Max Brod und Felix Weltsch konnten nach Palästina auswandern, Robert Klopstock und Felice Bauer in die USA.

Vom Hausstand der Familie Kafka hat sich nicht viel erhalten. Nur die Eltern, die 1931 und 1934 starben, haben ein Grab, dasselbe, in dem auch der Sohn beerdigt worden war. Zu einem großen Teil erhalten geblieben ist allerdings Kafkas nicht sehr große Bibliothek, die Ende der 50er Jahre in Prag auftauchte. Ein reich gefülltes Museum, wie man es für Goethe in seinem Weimarer Haus am Frauenplan schuf, könnte man für Kafka nicht einrichten. Manche der Häuser, in denen er wohnte, stehen noch; sonst gibt es nur wenige materielle Spuren seines Lebens und des Lebens seiner Familie und Freunde mehr. Seine Bibliothek gehört dabei, ironischerweise, zu den wichtigsten.

Kafkas Schriften, zumal seine Tagebücher und seine Briefe, sind auch ein Denkmal der untergegangenen Welt der deutschsprachigen Prager Juden, nicht das einzige, aber vielleicht das wichtigste und sicher das bekannteste. Von der Familie Kafka wüsste die Welt nichts, hätte der Sohn nicht geschrieben. Er hat keinen Sohn beibringen, auch nicht das Gebet für das Seelenheil der Eltern sprechen können. Ohne das, was er geschrieben hat und das die Eltern nicht besonders zu schätzen wussten, wäre es jedoch so, als hätten sie, ihre Kinder und Kindeskinder nie gelebt. Von seinem Ruhm fiel auch Aufmerksamkeit auf seine Familie ab, an die man sich sonst kaum erinnert hätte.

[6]

Heinz Politzer hat behauptet, dass sich Kafka, statt durch eine Biographie, »am ehesten« noch »durch ein Porträt darstellen« lasse (Politzer: Das Kafka-Buch, 7). Es müsse, befand er, »den seltsamen Männern in Schwarz und Weiß« ähnlich sehen, die Kafka »an den Rand seiner Manuskripte zu kritzeln pflegte« (ebd.). Politzer wollte mit dieser Bemerkung nicht nur andeuten, dass Kafka ein ›seltsamer‹ Mensch gewesen sei – was er wohl war –, sondern auch, dass ein Porträt, aus Gründen der Diskretion, nicht über eine Charakterskizze hinausgehen sollte. Ihre Linien, wie gekritzelt oder sorgsam gezogen auch immer, sind allerdings deutlich.

Knapp hat Kafka sich in einer Aufzeichnung selbst charakterisiert: »Geringe Lebenskraft, missverständliche Erziehung, Junggesellentum ergeben den Skeptiker« (HadL, 282). Zweifeln gehörte tatsächlich zu Kafka: Er zweifelte an sich, an seinen Texten, an Menschen, an der Welt und an der Möglichkeit, die Wahrheit zu sagen, die er gleichwohl suchte.

1913 hat er sich im Tagebuch etwas ausführlicher beschrieben, nicht um sich, wie in den Briefen an Felice Bauer oder an Max Brod, anderen zu erklären, sondern um sich seiner selbst zu vergewissern:

> *Ich bin nicht nur durch meine äußerlichen Verhältnisse, sondern noch viel mehr durch mein eigentliches Wesen ein verschlossener, schweigsamer, ungeselliger, unzufriedener Mensch, ohne dies aber für mich als Unglück bezeichnen zu können, denn es ist nur der Widerschein meines Zieles. Aus meiner Lebensweise, die ich zu Hause führe, lassen sich doch wenigstens Schlüsse ziehn. Nun, ich lebe in meiner Familie, unter den besten und liebevollsten Menschen, fremder als ein Fremder.* (T, 319)

Max Brod hätte diese Selbstbeschreibung Kafkas vermutlich eine Selbstverurteilung genannt. Aber nach allem, was man weiß, war sie zutreffend. Kafka war verschlossen und unzufrieden, vor allem mit sich selber, und er war nicht sehr gesellig. Er fühlte sich unwohl in Gesellschaft, außer in der weniger alter Freunde, ergriff ungern vor anderen das Wort, war unsicher. Elias Canetti hat sogar von seiner »Verstocktheit [...] im Umgang mit Menschen« (Canetti: Der andere Prozeß, 35) gesprochen. Kafka war jedenfalls lieber allein, und am liebsten schrieb er, zumeist nachts. Er litt, auch deshalb, unter Schlafstörungen. Ängstlich achtete er auf jede Regung seines Körpers: ein deutliches Zeichen seiner Selbstbezogenheit.

Marthe Roberts vielzitierte Formel: »Einsam wie Franz Kafka« (»Seul, comme Franz Kafka«), die sie Gustav Janouchs nicht unbedingt zuverlässigen »Gesprächen mit Kafka« entnahm, hat dennoch nur eingeschränkte Gültigkeit. Kafka wünschte sich wohl Einsamkeit, vor allem zum Schreiben. Gesucht hat er sie meist nur für kurze Zeit, etwa in dem Häuschen in der Alchimistengasse, in das er 1916 für Monate zog. Ansonsten lebte – und schrieb – er die längste Zeit seines Lebens in der Wohnung seiner Eltern oder bei seiner Lieblingsschwester Ottla. Er mag sich immer wieder einsam gefühlt haben, anders, fremd. Sozial vereinsamt war er dennoch nicht, und er war es selbst in seiner schon durch die Zeitumstände schwierigen Sterbephase nicht, in der er von Dora Diamant und Robert Klopstock begleitet wurde.

Auch als Autor war er keineswegs isoliert. Am literarischen Leben Prags nahm er durchaus Teil. Er besuchte Vorlesungen und Vorträge etwa von Hugo von Hofmannsthal und Karl Kraus, natürlich auch die Auftritte Max Brods. Er lernte bei verschiedenen Gelegenheiten u. a. Anton Kuh aus Wien, Kurt Tucholsky und Else Lasker-Schüler aus Berlin kennen. Mit Max Brod besuchte er in Weimar Paul Ernst und Johannes Schlaf. Er korrespondierte mit Robert Musil, und Carl Sternheim gab ihm den Fontane-Preis weiter. Natürlich las er auch zeitgenössische Literatur, etwa Thomas Mann und Arthur Schnitzler, Knut Hamsun und August Strindberg. Mit seinen besten Freunden schließlich: Max Brod, Oskar Baum und Felix Weltsch traf er sich nicht nur regelmäßig, sie lasen einander auch ihre Texte vor und diskutierten sie.

[7]

Kafka war so zurückhaltend, dass er von seinem sozialen Unbehagen und seiner existenziellen Spannung, die manchmal in Verstimmung, manchmal in Verzweiflung, nicht selten auch in Bosheit sich fortsetzte, nicht viel nach außen dringen ließ. Und doch muss immer wieder etwas von seinen zwei Seiten sichtbar geworden sein, wie Max Brod erzählt:

> *Was war das, – ein aufs Äußerste gefälliger, entgegenkommender, sanfter, geradezu schüchterner junger Mann, der aber doch, wenn man gewisse Punkte berührte, völlig unzugänglich, ja hart und eigensinnig werden konnte?* (Brod: Über Franz Kafka, 234)

Etwas von diesem Eigensinn wird auch in einer anderen Erinnerung Brods an seinen Freund erkennbar:

> Schlank, groß, etwas vorgebeugt – die Augen kühn, blitzend-grau, die Gesichtsfarbe bräunlich, der Haarbusch hoch und pechschwarz, – schöne Zähne, ein freundliches, höfliches Lächeln, wenn nicht zuweilen ein geistesabwesend trüber Ausdruck das schöne scharfgeschnittene Gesicht verdüsterte; doch eigentlich fast nie unmutig, meist sehr beherrscht; in seltenen Momenten (die in frühen Jahren, vor der Krankheit überwogen), in diesen herrlichen Momenten jungenhaft aufgeschlossen, fröhlich, naiv, witzig, mit einer untergründig gutartigen, rasch korrigierten Neigung zu boshaften Wendungen, zu Mystifikationen, die er meist sofort bedauerte, – der Anzug dunkelgrau oder dunkelblau, ohne Muster, glatt, von nicht hervortretender Eleganz, stets sorgfältig und geschmackvoll gekleidet, die schmalen Hände ausdrucksvoll, doch sparsam in ihren Bewegungen. (ebd., 338)

[8]

Keiner von Kafkas Mitmenschen hat die Zumutungen seines Charakter schmerzlicher erfahren als seine erste Verlobte Felice Bauer: seine Neugier, seine Selbstbezogenheit, seine Eifersucht, seine Unentschlossenheit, seine Grausamkeit. Dass er daneben charmant, aufmerksam, ja fürsorglich sein konnte und es ihr gegenüber auch immer wieder war, steht nicht auf einem anderen Blatt, sondern auf demselben. Das sind weitere ›zwei Ansichten‹ der Person Franz Kafka.

Die Rolle, die er Felice Bauer zuwies, darf man nicht missverstehen. Sie war nicht seine Muse, nicht seine literarische Vertraute, nicht einmal seine erste Leserin. Das lag nicht nur an ihm; Elias Canetti hat sie nicht ohne Grund »eine einfache Natur« (Canetti: Der andere Prozeß, 19) genannt. Es dauerte lange, für Kafka quälend lange, bis sie das erste Mal auf einen Text reagierte, den er ihr zugesandt hatte. Sie las andere Autoren, die er bald versuchte, ihr auszureden.

Kafka begann früh, Felice Bauer mit seiner »Lebensweise« (BaF, 65) vertraut zu machen. Am 1. November 1912 schrieb er ihr einen langen Brief, in dem er die Bedeutung darlegte, die das Schreiben als »Hauptzweck« (ebd.) für sein Leben habe. Dabei stellte er sie in einen »Zusammenhang« damit und nannte sie »mit meinem Schreiben verschwistert« (ebd., 66). Dass er die Metapher der Schwester für die Frau wählte, die er zu heiraten beabsichtigte, ist bezeichnend.

Die Verbindung zu ihr gründete er, außer auf Photographien, die er sich gelegentlich erbat und für die er sich mit eigenen erkenntlich zeigte, vor allem auf das geschriebene Wort. Von Anfang an war er Felice Bauer als Schriftsteller entgegen getreten. Zu dem Abend bei der Familie Brod, an dem er sie zuerst sah, hatte er das Manuskript der »Betrachtung« mitgebracht. Durch den räumlichen Abstand, der zwischen ihnen bestand, konnte er sich ihr schriftlich erklären, und er konnte ihr dabei auch ein Bild von sich zeichnen, das ganz sein Selbstbild war. Das wäre mit einem Menschen, der in seiner Nähe lebte, ihn gar schon länger gekannt hätte, nicht möglich gewesen.

Im Gegenzug versuchte sich Kafka Felice Bauer als die Frau zu formen, die er brauchte und wohl auch ersehnte: als die ferne Geliebte eines Schriftstellers. Solange er glauben konnte, dass ihm das gelungen sei, hielt die Verbindung. Doch seine Hoffnung verflog schon im Lauf des ersten Jahres. Im Sommer

1913 kam es zur ersten Krise in ihrer Beziehung, die abgebrochen und dann wieder aufgenommen wurde. Von Kafka sorgsam hergestellte Nähe wechselte mit ebenso umsichtig verteidigtem Abstand.

Diese aussichtlose, am Ende quälend lang hingezogene Verbindung, in der die Liebe, die fehlte, mit Worten erarbeitet werden musste, hat Heinz Politzer ebenso treffend wie knapp beschrieben:

> *Die groteske Tragik dieser Liebesbriefe liegt in ihrem Wesen, das heißt: im Wesen ihres Schreibers, begründet. Sie stellen den im Menschlichen wie Literarischen wohl einmaligen Versuch eines Mannes dar, sich einer Frau durch Worte, nichts als Worte, und noch dazu vorwiegend durch Worte der Negation zu bemächtigen. Er wirbt nicht, er warnt. Er verspricht nicht, er bezichtigt sich. Er bettelt um Lichtbilder und sendet ihr als Gegengabe die Schattenrisse seiner Existenz. In großartig-monotonen Passagen der Selbstenthüllung und Selbstpeinigung stellt er ihr das Unglück vor Augen, in das sie eine dauerhafte Verbindung mit ihm stürzen würde.* (Politzer: Ödipus, 61)

[9]

Der Literaturmensch Kafka war auch ein Luftmensch. Er war das nicht nur in dem Sinn, in dem der jiddische Ausdruck, den Scholem Alechejm populär gemacht hat, unter Juden einen Intellektuellen und besonders einen Schriftsteller meint, der den Kopf in den Lüften und die Füße nicht immer auf dem Boden hat. Ein Federmensch war er ohnehin: wenn er schrieb. Ein Luftmensch aber war er schon in einem äußerlichen Sinn: groß und dünn, wie er war. Bei einer Größe von einszweiundachtzig wog er, auch in gesunden Zeiten, nur wenig mehr als 60 Kilo. Am 1. November 1912 ließ er Felice Bauer wissen: »ich bin der magerste Mensch, den ich kenne« (BaF, 65). Er brachte auch das in Zusammenhang mit seinem Schreiben: »ebenso ist auch sonst nichts an mir, was man in Rücksicht auf das Schreiben Überflüssiges und Überflüssiges im guten Sinne nennen könnte« (ebd., 65–66).

Kafka wollte dünn sein. Wie eine seiner eindrücklichsten Figuren war er ein Hungerkünstler. Das Hungern war auch ihm geradezu eine Kunst – und er hungerte für die Kunst: Magerkeit war für ihn ein Zeichen der Geistigkeit. Allerdings hatte Kafka mit seinem Körper von klein auf gehadert. Auf vielen Photos wirkt er ungelenk und verlegen. Auf anderen scheint er sich fast verstecken zu wollen. Er wirkt immer wieder, als wollte er seinen Körper zum Verschwinden bringen.

Mit einem »starken« Körper verband er Männlichkeit. Im »Brief an den Vater« hat Kafka geschrieben, dass »stark« (HadL, 164) für ihn der Vater war, durch dessen »bloße Körperlichkeit« (ebd., 168) er sich »schon niedergedrückt« (ebd.) fühlte: »Ich erinnere mich zum Beispiel daran, wie wir uns öfters zusammen in einer Kabine auszogen. Ich mager, schwach, schmal, du stark, groß, breit« (ebd.). Das »kleine[...] Gerippe« (ebd.), das er war, wollte er offensichtlich bleiben: Ein Erwachsener ohne den Körper eines Erwachsenen – eines erwachsenen Mannes, wie man hinzufügen muss. Magerkeit dagegen war ihm geradezu ein Schutz vor Beanspruchung, auch vor Verführung, vor Sinnlichkeit überhaupt. Magerkeit verdankte sich einem freiwilligen Fasten, auch im sexuellen Sinn, und nicht zuletzt deshalb verband er mit ihr Reinheit, die letztlich Enthaltsamkeit ist. Weniger Gewicht bedeutete ihm offenbar weniger Sünde.

Das Stichwort zu dieser Mischung aus Ekel und Lust ist »Fleisch«, im doppelten Sinn des Wortes. Milena Jesenská hat darauf hingewiesen, als sie Max Brod von Kafkas »Angst« schrieb:

Diese Angst bezieht sich nicht nur auf mich, sondern auf alles, was schamlos lebt, auch beispielsweise auf das Fleisch. Das Fleisch ist zu enthüllt, er erträgt nicht, es zu sehen. (BaM, 370)

»Fleisch« und der Genuss von Fleisch waren für Kafka der Inbegriff der Sinnlichkeit, die auf die böse Seite der Welt gehört.

Brod hat Kafkas Sehnsucht nach Reinheit, wie es scheint, vorbehaltlos geschätzt: als Haltung eines Heiligen. Oskar Baum hat, kritischer, vom »religiös anmutenden – körperlich ins Spleenhafte sich auswachsenden – Reinlichkeitskult [...]« (zit. nach Brod: Der Prager Kreis, 151) Kafkas gesprochen. Offenbar hat er wahrgenommen, was nicht erst im Nachhinein psychologisch problematisch erscheinen musste.

Reinheit ist ein egoistisches Bedürfnis – und sie dürfte zu dem gehören, was Kafka, wie das Schreiben, an sich selber als »exzentrisch« und »nur auf das eigene Seelenheit bedacht« ansah. Rein möchte sein, wer sich schmutzig oder im Schmutz fühlt. Bei Kafka war beides der Fall. Seine Reinheit ist weder von seiner – so Max Brod – »Selbstpeinigung« (ebd., 115) zu trennen, seinem starken Masochismus, noch von seiner asketischen ›Magerkeit‹: seinem Verzicht auf Leben zugunsten der Literatur.

[10]

Franz Kafka hat posthum viel Mitleid erfahren. Groß war bei manchen das Bedauern darüber, dass er früh gestorben ist, kein freudvolles Leben gehabt hat, sich unverstanden und unglücklich fühlte. Sentimentalität bemächtigte sich nicht selten eines Menschen, der gar nicht sentimental, eher ironisch, oft auch distanziert war. Nicht nur aus einer solchen Sentimentalität heraus ist Kafka zu einem Außenseiter stilisiert worden, selbst von Kennern seines Werks und seiner Person.

Heinz Politzer zufolge war er »der Künstler als Außenseiter der menschlichen Gesellschaft« (Politzer: Das Kafka-Buch, 7). Thomas Mann, ein Fachmann auf dem Gebiet der Künstlerexistenz auch für seinen Leser Franz Kafka, befand, dessen Werke seien »der Ausdruck der Fremdheit und Einsamkeit des Künstlers (und obendrein des Juden!) unter den Einheimischen des Lebens« (Thomas Mann, 776).

In solchen Beschreibungen schwingt immer Pathos mit – und ein wohl aus Sympathie etwas schiefer Blick auf Kafkas Existenz. Thomas Mann und Heinz Politzer übersahen, dass er ein vollkommen geregeltes Leben führte. Er entstammte einer bürgerlichen Familie, mit der er, bei allem Hader, nicht brach. Er wohnte die meiste Zeit auch seines erwachsenen Lebens bei seinen Eltern. Er war promovierter Jurist und arbeitete, bis zwei Jahre vor seinem Tod, als Beamter für eine halbstaatliche Versicherung. Seine Freunde entstammten demselben Milieu wie er; zwei von ihnen, Max Brod und Felix Weltsch, waren ebenfalls Juristen. Was immer Kafka über sein Leben dachte – es war das eines Bürgers. Zweifellos *fühlte* er sich oft als Außenseiter, selbst in seiner Familie. Dennoch war er es in einem gesellschaftlichen Sinn nicht. Er war vor allem ein Einzelgänger, wie es außerordentlich begabte Menschen oft sind.

[11]

Wenn nicht Mitleid, so doch zumindest besondere Aufmerksamkeit gilt inzwischen auch dem Patienten Kafka. Eine Neigung zur Hypochondrie bildete er früh aus; Kopfschmerzen und Schlafstörungen begleiteten ihn, seit er angefangen hatte, abends und nachts zu schreiben. Nervöse Erschöpfung kannte er sein Leben lang; die erste verlangte schon nach dem Abitur eine Behandlung. Um seinen Gesundheitszustand zu verbessern, unterzog sich Kafka verschiedenen Kuren. Er hielt Diät, mied Fleisch und Alkohol. Im Zeichen der Krankheit stand sein Leben vollends, als 1917 eine Lungentuberkulose diagnostiziert wurde. Nach und nach veränderte sie sein Leben. Er löste nicht nur die zweite Verlobung mit Felice Bauer. Die Krankheit unterbrach auch seine Arbeit, die im Büro, dann auch die am Schreibtisch. Immer wieder musste er sich langen Sanatoriumsaufenthalten unterziehen. An der Tuberkulose, die schließlich auch den Kehlkopf erfasste, ist er dann gestorben.

Die Krankengeschichte Kafkas hat auch deshalb viel Beachtung gefunden, weil er für sie starke Deutungen gefunden hat. Er hat sie als Folge seiner letztlich unglücklichen Verlöbnisse, zumal des mit Felice Bauer verstanden. Am 15. September, 11 Tage nach der Diagnose, notierte er sich ins Tagebuch, die »Lungetuberkulose« sei »nur ein Sinnbild«: »Sinnbild der Wunde, deren Entzündung F. [d. i. Felice Bauer, D. L.] und deren Tiefe Rechtfertigung heißt« (T, 529). Knapp drei Jahre später, im Mai 1920, erklärt er Milena Jesenská: »Ich bin geistig krank, die Lungenkrankheit ist nur ein Aus-den-Ufern-treten der geistigen Krankheit. Ich bin so krank seit den 4,5 Jahren meiner ersten zwei Verlobungen« (BaM, 29).

Kafkas Deutungen seiner ›Krankheit als Metapher‹ (Susan Sontag) hat unter seinen Interpreten Schule gemacht, zumal unter den psychoanalytisch geprägten. Sie ist seither in vielen Variationen wiederholt worden, wohl weil sie als seine eigene besonders überzeugend erscheint. Tatsächlich bedeutet sie aber nicht viel mehr als den Versuch, einem sinnlosen oder sinnfreien körperlichen Geschehen einen Sinn zu unterlegen – auch wenn der die seelische Qual erhöht. Doch die Tuberkulose ist keine psychosomatische Erkrankung, und sie ist auch keine Geisteskrankheit. Kafkas Selbstdeutung, so eindringlich sie sein mag, gehört zur »Mythologie der Tuberkulose« (Sontag: Krankheit, 27). Wenn er sich »geistig krank« nennt, dann gibt er vor allem seiner Verzweiflung über sein unglückliches Leben Ausdruck.

Zu den Geisteskranken unter den großen Schriftstellern von Hölderlin über Strindberg bis zu Robert Walser gehört er dennoch nicht. Die Bedeutung, die ihre Erkrankung für ihr Werk hatte, besitzt seine nicht. Vergleichbare Spuren, bis hin zur geistigen Zerrüttung, hat die Tuberkulose in Kafkas literarischen Texten nicht hinterlassen. Gleichwohl hat sie natürlich sein Schreiben verändert, nicht zuletzt indem sie es zu seinem Kummer immer wieder ins Stocken brachte. Ein Dichter der Tuberkulose ist Kafka aber, anders als Charles Dickens, André Gide oder Thomas Mann, nicht geworden. Die Krankheit führte, zumindest zeitweise, eher, so Thomas Anz, zu einer »Literaturferne« in seinem Leben: zu »gesteigerter Skepsis gegenüber seinen bisherigen Werken« (Anz, 123).

[12]

Franz Kafka hat posthum nicht nur viel Mitleid, sondern noch mehr Verehrung erfahren. Die größte Verehrung hat ihm sein Freund Max Brod entgegengebracht: indem er ihn zu einem Heiligen erklärt hat. Kafka war für ihn am Ende vor allem ein Gott Suchender, »ein religiöser Held vom Rang eines Propheten« (Brod: Über Franz Kafka, 223). Er suchte, heißt es in »Der Prager Kreis« bündig,

> sein ganzes Leben lang eine einzige Sache: die Reinheit der Seele. Die absolute, bedingungslose, unegoistische Reinheit. Reinheit – das bedeutet: Gerechtigkeit. Soziale Gerechtigkeit dem Nächsten gegenüber, jedem Menschen gegenüber – und Gerechtigkeit auch gegenüber der metaphysischen Welt, wie dies im Buche Hiob ausgesprochen ist.
>
> (Brod: Der Prager Kreis, 113)

Dass Kafka nach Reinheit strebte, bedeutete für Brod nicht zuletzt, dass er wie ein Gerechter ohne Sünde Gott gefällig leben wollte.

Zweifel an der Legende vom Heiligen Franz Kafka müssen aber schon manche seiner Selbstbeschreibungen wecken – wie etwa die vom 2. März 1912: »Wer bestätigt mir die Wahrheit oder Wahrscheinlichkeit dessen, daß ich nur infolge meiner literarischen Bestimmung sonst interesselos und infolgedessen herzlos bin?« (T, 263). Im Brief an Max Brod vom 30. Juli 1922 nannte Kafka sich sogar »lieblos«. Das eine wie das andere ist ungewöhnlich für einen Heiligen.

Die Tagebücher enthüllen auch manche Gewohnheiten, die man kaum bei ›reinen Seelen‹ erwarten würde. Milan Kundera hat sie ironisch zugespitzt in der Frage: »Kann [...] ein Heiliger ins Bordell gehen?« (Kundera, Vermächtnisse, 47). Dass Kafka das tat, habe Brod allerdings meist verschwiegen. In seiner Ausgabe der Tagebücher habe er »nicht nur die Anspielungen auf die Dirnen, sondern alles die Sexualität Betreffende eliminiert« (ebd., 48), um Kafka zu einem Heiligen stilisieren zu können – einem seltsamen Heiligen allerdings: einem »Schutzheiligen der Neurotiker, der Depressiven, der Magersüchtigen, der Schwächlinge«, »der Verschrobenen, der lächerlichen Preziösen und der Hysteriker« (ebd.).

Der Versuch der Verwandlung Kafkas in einen Heiligen ist einer der kühnsten Coups seiner Rezeptionsgeschichte – kühn in der Sache, kühn aber noch mehr im Gestus. Brod wollte dem Freund höchste Verehrung sichern, indem er ihn zum Stifter einer religiösen Tradition machte, der mehr Verbindlichkeit zukommt als jeder literarischen. Seiner Deutung liegt offenbar das Muster der Entwicklung vom Ästhetischen über das Ethische zum Religiösen zugrunde, das Sören Kierkegaard in seiner eigenen schriftstellerischen Laufbahn erkannt hat. Sowohl Brod wie Kafka haben ihn gelesen, allerdings auf ganz unterschiedliche Weise, wie etwa Kafkas Brief von Ende März 1918 aus Zürau verrät. Kafka stand gerade der Religiosität Kierkegaards distanziert, ja kritisch gegenüber. Den wichtigsten der verschiedenen Unterschiede, die Kafka bei allen Gemeinsamkeiten etwa ihrer Junggesellenexistenz zwischen sich und Kierkegaard sah, hat Thomas Anz pointiert formuliert: »Kierkegaards Religiosität ist Kafka unzugänglich. Er hat sie durch Kunst, durch Literatur ersetzt, die religiöse Existenz durch eine literarische« (Anz: Identifikation, 88).

[13]

Kafkas Verehrer, auch die gebildeten unter ihnen, drängt es, wenn sie über ihn schreiben, auch oft zu der Feststellung, er sei ein »Genie« (Urzidil, 107) gewesen. Genial erscheint ihnen die Geschliffenheit seiner Sprache, seine Kunst der Komposition, vor allem aber die Originalität und Fülle seiner Einfälle. Man kann in all dem das »Außerordentliche« und die »produktive« Kraft sehen, die Goethe im Gespräch mit Eckermann vom 11. März 1828 als Merkmale des Genies anführte.

Wenn man Kafka als Genie bezeichnet, dient das in der Regel dazu, ihn in eine Reihe mit den Großen der Weltliteratur zu stellen, allen voran Goethe. Der Vergleich mit ihm mag erhellend sein, macht aber nicht zuletzt auf erhebliche Unterschiede aufmerksam. Er würde immer wieder zuungunsten Kafkas ausfallen. Keiner dürfte das besser gewusst haben als er. Deshalb hat er sich 1912 im Vorfeld seiner Reise nach Weimar entschlossen, Goethe nicht mehr als seinen Maßstab zu betrachten, weder als Person noch als Autor. Aber nicht nur, weil er Goethe als den Größeren ansah, sind die Vergleiche mit ihm fragwürdig. Kafka wollte er selbst sein, kein neuer Goethe, nicht der Goethe nach Goethe, den Max Brod in ihm sehen wollte. Dazu dürfte auch gehört haben, sich selbst erst gar nicht in den Begriffen des Genie-Kults zu beschreiben. Im Unterschied zu vielen anderen Künstlern seiner Zeit hat Kafka darauf verzichtet, Genialität im überkommenen, an Goethe orientierten Sinn überhaupt zu prätendieren. »Was Kafka persönlich so modern und zu gleicher Zeit so fremdartig unter seinen Zeitgenossen und in seinem Milieu der Prager und Wiener Literaten erscheinen lässt«, schreibt Hannah Arendt, »ist gerade, daß er so offensichtlich nicht ein Genie oder die Verkörperung irgendeiner objektiven Größe sein wollte« (Arendt: Tradition, 106).

Einerlei, ob man Kafka genial nennen kann oder nicht – originell war er jedoch als Erzähler zweifellos, und zwar in dem starken Sinn, den Karl Jaspers dem Ausdruck gegeben hat. »Originalität«, schreibt er, »bedeutet einen Sprung in der Geschichte. Sie ist das Wunder des Neuen, das auch nachträglich nicht aus dem Vorhergehenden und aus den Bedingungen des Daseins, in dem es entsprang, abgeleitet werden kann« (Jaspers: Die großen Philosophen, 39). Eben diese Originalität setzt allen biographischen und historischen Studien zum Autor Kafka, allen Vergleichen und Zuordnungen ihre Grenze.

V.
Die »produktive Kraft«: Der Ruhm

Die Ursache dessen, daß das Urteil der Nachwelt über einen Einzelnen richtiger ist als das der Zeitgenossen, liegt im Toten. Man entfaltet sich in seiner Art erst nach dem Tode, erst wenn man allein ist. Das Totsein ist für den Einzelnen wie der Samstagabend für den Kaminfeger, sie waschen den Ruß vom Leibe.

(BeK, 298)

[1]

Kafka konnte selbstbewusst sein, wenn es ihm gut ging: beim Schreiben. Im Februar 1911 war er sogar von sich begeistert. »Die besondere Art meiner Inspiration«, notierte er ins Tagebuch, »ist die, daß ich alles kann, nicht nur auf eine bestimmte Art hin« (T, 41–42). Doch selbst in Augenblicken geglückten und ihn glücklich machenden Schreibens hat Kafka sich nicht vorgestellt, dass er einmal als einer der bedeutendsten Schriftsteller des frühen 20. Jahrhunderts gelten würde, und nicht etwa nur bei Max Brod oder in Prag. Mit mehr als einer bescheidenen, langsam schwindenden Bekanntheit hat er nicht gerechnet.

Kafkas Ruhm hat dieses Maß weit überschritten. Er ist in jeder Hinsicht außergewöhnlich, vor allem in seinem Ausmaß und in seiner Beständigkeit. Längst gilt er als ein Autor der Weltliteratur, und zwar sowohl was den außerordentlichen ästhetischen Wert seines Werks, wie was seine Verbreitung und seine Wirkung angeht. Sein literarischer Rang im Ganzen ist unbestritten, auch wenn im Einzelnen keine Einigkeit darüber besteht, ob er mehr auf den Romanen oder den Erzählungen beruht. Sein Werk ist über die ganze Welt verbreitet und hat eine tiefe und nachhaltige Wirkung auf spätere Literatur ausgeübt, nicht nur auf die deutsche, sondern auch auf die europäische, ja auf die der Welt.

Kafkas Ruhm hat den vieler anderer Schriftsteller seiner Zeit überdauert, die einmal bekannter waren als er. Im Unterschied zu ihnen hat er allerdings auch überhaupt erst auf die Nachwelt gewirkt. Sein Ruhm ist wesentlich Nachruhm. Zu Lebzeiten ist Kafka wenig wahrgenommen worden; der literarischen Öffentlichkeit war er kaum ein Name. Berühmt wurde er erst nach seinem Tod, das allerdings schnell. Als Thomas Mann 1941 die amerikanische Ausgabe des »Schloß«-Romans mit einer »Homage« versah, rechnete er Kafka bereits zur Weltliteratur. Diese Einschätzung war Ende der 40er Jahre schon Gemeingut. Kafkas Aufstieg von einer literarischen Lokalgröße zu einem weltweit beachteten Schriftsteller gehört zu den rasantesten Karrieren der Weltliteratur. Er benötigte kaum ein Viertel der Zeit, die Horaz als Maß ansetzte.

Das ist umso ungewöhnlicher, als Kafka zuerst außerhalb des deutschen Sprachraums berühmt wurde. Verantwortlich dafür waren nicht zuletzt politische Umstände. Nach 1933 konnten seine Werke in Deutschland nur von einem jüdischen Verlag für jüdische Leser gedruckt werden. Der Schocken Verlag, in dem sie damals erschienen, wurde 1939 endgültig geschlossen. Er siedelte zuerst nach Palästina, darauf Mitte der 40er Jahre nach New York über. Mit ihm verließ auch Kafkas Werk vorerst den deutschen Sprachraum. Früh vor allem ins Englische und Französische übersetzt, fand es allerdings rasch Beachtung innerhalb und außerhalb Europas, zumal unter Autoren und Philosophen, und fast ebenso rasch mischte sich in die Beachtung Bewunderung und Verehrung. Kafkas Ruhm ging in den 40er Jahren von England und Frankreich, auch von den USA aus. Erst danach verbreitete er sich, Anfang der 50er Jahre, nachhaltig auch in Deutschland, alles in allem allerdings nicht wesentlich früher als etwa in Lateinamerika.

Ruhm, der wesentlich Nachruhm ist und fast von Anfang an auch Weltruhm, ist in der Literaturgeschichte selten. Meist geht dem Nachruhm ein Ruhm zu Lebzeiten voraus, dem internationalen ein nationaler. Es mag dahingestellt sein, ob posthumer Ruhm, wie Hannah Arendt bemerkt, zu den traurigsten »Sorten von Ruhm« (Arendt: Menschen, 185) gehört. Für den Weltruhm gilt das sicher nicht. Auch im Fall Kafkas trifft aber zu, dass der Nachruhm »der Preis derer ist, die ihrer Zeit vorauseilten« (ebd., 186).

[2]

Die Beschäftigung mit Kafkas Werk ist über alle Kontinente verbreitet und hat Spuren in fast allen Bereichen geistiger und künstlerischer Tätigkeit hinterlassen, besonders natürlich in der Literatur, aber auch in den anderen Künsten und in der Philosophie, in Bereichen also, die er selbst in seinem Leben nur flüchtig oder gar nicht berührt hat. Kafkas Ruhm verdankt sich einer lang anhaltenden Faszination, die vor allem vom Werk ausgeht: von seiner Sprache und seinen Einfällen und damit von seiner besonderen Phantasie, die dem Erzählen nach der Epoche des Realismus neue Spielräume eröffnet hat. Individuell vor allem von Künstlern reflektiert, durchzieht diese Faszination die Geschichte seiner Rezeption.

Die Liste der Autoren, die sich auf Kafka ausdrücklich bezogen haben, ist lang und voller großer Namen. In der deutschen Literatur sind es etwa Elias Canetti und Peter Weiss, Paul Celan und Peter Handke, in der englischen W. H. Auden, Rex Warner und Harold Pinter, in der französischen Nathalie Sarraute und Alain Robbe-Grillet, in der osteuropäischen Milan Kundera und Danilo Kiš. Zahlreich sind die amerikanischen, zumal die amerikanisch-jüdischen Erzähler, die man mit Kafka in Verbindung gebracht hat, von Nathanael West und J. D. Salinger über Saul Bellow, Philipp Roth und Paul Auster bis zu Louis Begley, der ihm ein kluges Buch gewidmet hat. Aus der lateinamerikanischen Literatur sind, neben Carlos Fuentes, vor allem Jorge Luis Borges und Mario Vargas Llosa zu nennen. Sogar asiatische und afrikanische Autoren haben sich als produktive Leser Kafkas zu erkennen gegeben. 2002 erfand der Japaner Haruki Murakami in »Kafka am Strand« den Jungen Kafka Tamura, der, anders als Georg Bendemann in »Das Urteil«, seine Heimat verlässt, um dem Fluch seines Vaters zu entgehen. Der südafrikanische Nobelpreisträger John M. Coetzee lässt in seinem didaktischen Roman »Elizabeth Costello. Acht Lehrstücke« (»Elisabeth Costello«) von 2003 die Hauptfigur einen provokanten Vortrag über das Verhältnis zu Tieren halten, der seinen Ausgang bei »Ein Bericht für eine Akademie« nimmt.

Nach der Literatur ist es zuerst das Theater gewesen, das sich Kafkas Werks durch Bearbeitung angenommen, ja es sich zueigen gemacht hat. Die erste Dramatisierung, die des »Prozeß«, 1947 von Jean-Louis Barrault und André Gide besorgt, mit Musik von Pierre Boulez, ist bis heute die gewichtigste geblieben. Mit der Zeit sind nicht nur alle Romane, sondern auch eine Reihe von Erzählungen Kafkas für das Theater bearbeitet worden, bis hin zur »Verwandlung«. Wenig Beachtung gefunden hat dabei, bemerkenswerter-, aber nicht überraschenderweise, Kafkas einziges Drama, »Der Gruftwächter«.

Die Reihe der musikalischen Interpretationen hat Max Brod eröffnet, der schon 1911 Kafkas Gedicht »Kleine Seele – springst im Tanz« vertont hat. Größere Resonanz haben andere Stücke gefunden: Ernst Kreneks »Motetten nach Worten von Franz Kafka für Singstimme und Klavier«, Hans Werner Henzes monodramatische Kantate »Ein Landarzt« von 1951, Gottfried von Einems Oper »Der Prozeß« von 1953 und György Kurtágs »Kafka-Fragmente für Sopran und Violine op. 24«. Kafkas Werk ist sogar in der populären Musik wahrgenommen worden, angefangen bei Bob Dylans »Love minus zero« mit dem allusiven, 1965 sich offenbar schon von selbst verstehenden Vers »The country doctor rambles«.

Seit Ottomar Starke eine Umschlag-Illustration für die Erstausgabe der »Verwandlung« schuf, sind auch zahlreiche andere Bilder zu Texten Kafkas entstanden; unter ihnen ragen die von Hans Fronius und Max Ernst, von José Luis Cuevas und Leo Maillet hervor. Darüber hinaus sind auch ungezählte Kafka-Bildnisse entstanden, die meisten nach Photographien, mit Ausnahme der Zeichnung von Fritz Feigl, die er bei einer Lesung anfertigte. Längst gibt es auch Kafka-Comics, der bekannteste, das Leben Kafkas bebildernde, stammt von Robert Crump und David Mairowitz und schlägt eine Brücke von der literarischen Hoch- zur visuellen Popliteratur.

Große Aufmerksamkeit haben die Verfilmungen von Werken Kafkas erlangt, vor allem »Der Prozeß« von Orson Welles mit Anthony Perkins als rebellischem Josef K., der zumindest gegen seine Hinrichtung aufbegehrt. 31 Jahre später, 1993, hat David Hugh Jones den Roman erneut, aber weniger aufsehenerregend verfilmt mit Anthony Hopkins und Jason Robards, nach dem Drehbuch von Harold Pinter. Zwei Jahre zuvor hat Steven Soderbergh in seinem Spielfilm *Kafka*, der sichtbar dem Vorbild des expressionistischen Kinos folgt, Szenen aus Kafkas Leben mit Motiven aus seinen Texten verbunden. Mit Jeremy Irons in der Hauptrolle, Theresa Russell und Armin Müller-Stahl ist dieser Film gleichfalls prominent besetzt.

Eine Zeitlang haben auch die Philosophen Kafka einige Beachtung geschenkt. Nicht nur Jean-Paul Sartre hat ihn in »Das Sein und das Nichts« zitiert, als wäre er selbst einer. Bernhard Groethuysen hat es sogar unternommen, die »Phänomenologie Kafkas« zu präsentieren – in einem fiktiven philosophischen Dialog mit Zitaten aus dem Werk, nicht zuletzt aus den Tagebüchern und der Aphorismensammlung. Albert Camus schließlich hat Kafkas Werk eine philosophische Interpretation gewidmet ebenso wie z. B. Theodor W. Adorno.

[3]

Ein Teil des Ruhms, den Kafka erlangt hat, ist die große Beachtung in den Wissenschaften, vor allem in der Germanistik. Über keinen anderen deutschsprachigen Schriftsteller des 20. Jahrhunderts ist im Ganzen so viel geschrieben – und geredet – worden wie über Franz Kafka. Die Literatur über ihn ist unübersehbar – und seit langem unüberschaubar. Was er selbst in wenig mehr als 15 Jahren veröffentlichte, kann ein geübter Leser in einer Woche lesen. Um alles zur Kenntnis zu nehmen, was *über* Kafka geschrieben wurde, dürfte inzwischen ein Leben nicht mehr reichen. Kafkas Werk wird fortlaufend neuen Lektüren unterschiedlichster Art unterworfen. Längst würde die Literatur über ihn eine eigene Bibliothek füllen. Wenn man sich entschließen könnte, sie zu bauen, wäre sie allerdings nicht viel mehr als ein Provisorium. Seit Jahrzehnten wächst die Kafka-Literatur unaufhörlich weiter – »ein fachwissenschaftlicher Dschungel, den man oft beklagt, der sich aber immer weiter ausbreitet« (Friedländer, 19).

Ein solches Maß an hermeneutischer und analytischer Anstrengung mag für manche verwunderlich, für andere ärgerlich sein: Verstellt so viel Sekundärliteratur nicht ein Werk? Ist denn, fast 100 Jahre nach Kafkas Tod, über sein nicht sehr umfangreiches Werk nicht schon alles gesagt worden? Die Fragen sind erkennbar falsch gestellt. Das Werk eines großen Autors ist unausschöpflich: *Das* macht es groß. Ihre Unerschöpflichkeit zeigt sich nicht zuletzt an den Versuchen, die beanspruchen, sie erschöpfend auszulegen. Ihr Scheitern ruft immer neue Anstrengungen des Verstehens hervor, denen gemeinsam ist, dass sie im Letzten unsicher bleiben vor einem Rest des Nicht-Verstandenen, vielleicht auch des Nicht-Verstehbaren.

Ein solches Werk bewegt unablässig Leser, zumal die unter ihnen, die selbst schreiben. Dichten ist eine einsame Tätigkeit; aber die Werke, die durch sie entstehen, schaffen Verbindung, nicht nur die unsichtbare zwischen ihren stillen Lesern. Sie werden auch zum Gegenstand von Gesprächen und Schriften und regen weitere Werke an. Manche bringen einen großen, in der Zeit nicht endenden Strom von Mitteilung und Austausch hervor: eine eigene Welt der Kommunikation. Zu den Autoren, denen das mit ihrem Werk gelungen ist, gehört zweifellos Kafka.

Ob und wie er sich in diese Welt einordnet, steht jedem ›gewöhnlichen Leser‹ frei, der kein Wissenschaftler ist. Er kann aus der Literatur über ›seinen‹ Autor auswählen, was ihm beliebt oder nützlich erscheint, oder sie nach Herzenslust ignorieren. »Der volle Genuß von Kafkas Werk – wie der so vieler anderer Werke –«, schreibt Jorge Luis Borges, »kann jeder Interpretation vorangehen und hängt nicht von Deutungen ab« (Borges, 330). Der ästhetische Genuss ist tatsächlich nur an die Lektüre des Textes gebunden. Selbst wenn er ohne Verstehen nicht möglich ist, setzt er doch keine wissenschaftliche Auslegung voraus. Der Leser ist aber auch in seinen Verstehensbemühungen von der Literaturwissenschaft nicht abhängig. Er kann sich ganz nach seinem Gutdünken von ihr belehren lassen.

Die Literatur, die sich auf einen Autor bezieht, kann man zu ordnen und einzuordnen versuchen – dabei beurteilen und im Zweifelsfall aburteilen. Abgelehnt und als Missverständnis erledigt wird besonders das, wofür es keine triftigen Gründe gibt, ja was offenkundig auf Irrtümern basiert, aber auch das, was dem eigenen Verständnis nicht entspricht oder sogar entgegensteht. Die Literatur über Kafka ist in sich höchst unterschiedlich, im Ganzen, mitunter aber auch im Einzelnen, voller Verständnis und zugleich voller Irrtümer und Fehler. Dass sie von Missverständnissen wimmelt, ist einer ihrer Topoi, den am nachdrücklichsten Susan Sontag formuliert hat: »Das Werk Kafkas [...] ist zum Opfer einer Massenvergewaltigung durch nicht weniger als drei Armeen von Interpreten geworden« (Sontag: Kunst, 16). Diese fehlgeleiteten Anstrengungen laufen nach Sontag »auf die philisterhafte Weigerung hinaus, die Finger von der Kunst zu lassen« (ebd., 17). Sie sind für sie nur Versuche, etwas auslegen zu wollen, was man nicht verstanden hat.

Deutungen auf ihre Triftigkeit hin zu prüfen und, gegebenenfalls, wie es Susan Sontag tat, zu verwerfen, ist nur legitim. Sie müssen allerdings damit noch nicht ganz beiseitegelegt werden. Manche mögen gerade als Fehlschläge auf das Problem der »Kommunikation des Nicht-Kommunikativen« (Adorno, 287) hinweisen, wie es Adorno genannt hat: Immer ist schwer zu verstehen, was sich nicht eindeutig mitteilt. Dass es ein Rätsel gibt, beweisen nicht zuletzt die Lösungen, die keine sind. Man kann aber schließlich auch all das, was sich auf das Werk eines Autors bezieht, was es zu verstehen oder fortzusetzen versucht, als einen Reflex seines Reichtums betrachten: als Ausdruck eben der ›produktiven Kraft‹, durch die ein Werk weiterwirkt und die es erst groß macht.

[4]

Kafka verdankt seinen Nachruhm zunächst vor allem einer Person: Max Brod, der sich als einer der rührigsten Nachlassverwalter der neueren Literaturgeschichte erwiesen hat. Er gehörte zu den wichtigsten Menschen in Kafkas Leben; über fast zwanzig Jahre war er sein bester Freund, ohne dass es zwischen ihnen zu tiefen Zerwürfnissen gekommen wäre. Wenn sie zusammen in Prag waren, sahen sie sich fast täglich. Sie unternahmen gemeinsam große Reisen, etwa in die Schweiz und nach Norditalien, nach Paris und nach Weimar. Sie lasen sich vor, was sie geschrieben hatten, und sie versuchten sogar, zusammen einen Roman zu schreiben, der allerdings über das erste Kapitel nicht hinauskam. Nicht zuletzt dieser Verbundenheit wegen bestimmte Kafka Brod als seinen Nachlassverwalter.

Der Freund war aber nicht nur oft sein erster Leser, sondern zugleich eine Art literarischer Agent für ihn. Er drängte ihn, seine Texte aus der Hand zu geben, stellte Verbindungen zu Verlagen und Zeitschriften her und druckte als Herausgeber der Zeitschrift »Arkadia« auch »Das Urteil«, die Erzählung, mit der Kafka sich als Autor gefunden zu haben glaubte. Das alles hätte schon genügt, um Brod einen zentralen Platz in jeder Biographie seines Freundes zu garantieren. Nach Kafkas Tod wurde er als Herausgeber der nachgelassenen Schriften dann auch die wichtigste Person in dessen literarischer Karriere.

Brod war ein vielseitiger Autor, der Romane, Erzählungen und Gedichte schrieb, Musik- und Theaterkritiken, Essays und philosophische Werke. Außerdem übersetzte er, verfasste Libretti für Opern von Leoš Janáček und komponierte kammermusikalische Stücke. In Tel Aviv, wohin er 1939 vor den Nationalsozialisten floh, arbeitete er als Dramaturg des hebräischen »Habimah«-Theaters. Den zentralen Platz in seinem umfangreichen Œuvre nimmt die Beschäftigung mit Franz Kafka ein. Brod gab nicht nur dessen Werke heraus, am Ende acht Bände; er schrieb auch schon 1937 eine Biographie seines Freundes, der er drei weitere Bücher über ihn folgen ließ: »Franz Kafkas Glauben und Lehre«, »Franz Kafka als wegweisende Gestalt« und »Verzweiflung und Erlösung in Franz Kafkas Werk«. In seinem Buch »Der Prager Kreis« und in seiner Autobiographie

»Mein streitbares Leben« sind Kafka außerdem umfangreiche Kapitel gewidmet.

Brods Verdienste um das Werk seines Freundes – wie er sie verstanden hat – liegen auf der Hand. Nach Kafkas Tod hat er gesammelt, was an Schriften und Aufzeichnungen verstreut war, so den literarischen Nachlass gesichert und ihn, als Herausgeber, der Öffentlichkeit zugänglich gemacht. Er hat darüber hinaus auch das Leben Kafkas dem Publikum erschlossen und das Bild der Person für lange Zeit geprägt. Ohne Max Brod würden wir Franz Kafka nicht so zu kennen, wie wir es tun.

Was Brod für ihn getan hat, zu Lebzeiten und nach dessen Tod, ist ein in der Literaturgeschichte außergewöhnlicher Freundschaftsdienst – zumal Brod anfangs noch von ihnen beiden der bei weitem bekanntere Autor war. Ironischerweise ist sein eigenes Werk über der steten Arbeit für das seines Freundes nach und nach in Vergessenheit geraten. Solche Vergessenheit teilt er zwar mit vielen anderen Emigranten, nicht zuletzt jüdischen, die den deutschen Sprachraum verlassen mussten. Allerdings ist auch nicht zu übersehen, dass seine Romane und Erzählungen dem Vergleich mit denen seines Freundes nicht standhalten können.

Brod dürfte das gewusst haben. Bitterer mag es für ihn, in den letzten Jahren seines Lebens, gewesen sein, dass er die Deutungshoheit über Kafkas Werk verlor. Immer neue Interpretationen haben seine verdrängt und damit wohl seine Furcht geschürt, dass seine Bemühungen um das Gedächtnis des Freundes zunichte gemacht würden. Durch seine späten Äußerungen zu Kafka zieht sich eine mitunter scharfe, fast immer von Enttäuschung genährte Polemik gegen neuere Deutungen und Ansätze der Forschung und ein nicht selten ohnmächtiger Zorn. In »Der Prager Kreis« klagte er 1966 etwa über die »Flut von verständnislosem Schrifttum«, die über Kafka »niedergegangen ist« (Brod: Der Prager Kreis, 99), und die »immer groteskeren Blüten« der »Kafka-Mode«, »wobei der eigentliche Wert der Dichtung Kafkas immer mehr verdunkelt wird« (ebd., 123).

Neue Ausgaben schienen zudem die Brod'sche überflüssig zu machen, deren Vorläufigkeit er allerdings immer wieder selbst betont hat. Gleichwohl ist sie die Ausgabe geblieben, auf die sich Kafkas Welterfolg gründete. In den verschiedenen Übersetzungen ist sie das Referenzwerk für fast alle bedeutenden Rezeptionen geworden. Eine vergleichbare Wirkung hat keine der späteren Editionen erreicht, auch nicht die bedeutendste von ihnen, die Historisch-Kritische. Das Bild, das sich die Nachwelt von dem Schriftsteller Kafka gemacht hat, hat sie eher differenziert als revolutioniert.

Für seine Bemühungen um Kafkas Werk ist Brod immer wieder gelobt worden. Als etwa der siebente Band seiner Ausgabe erschien, hat Klaus Mann festgestellt, dass ohne Brods »liebende Aktivität diese Gesamtausgabe nicht vorläge und das deutsche Schrifttum also ärmer wäre« (Klaus Mann: Das Wunder, 345). Das ist, so oder ähnlich, oft vermerkt worden. Oft ist aber auch entschiedene Kritik an Brods Unternehmen vorgebracht worden, nicht nur an seiner editorischen Praxis, sondern auch an seinem Verständnis Kafkas. »Ohne Brod«, schreibt zwar auch Milan Kundera, »würden wir heute nicht einmal mehr Kafkas Namen kennen« (Kundera: Vermächtnisse, 43). Dennoch hat gerade Kundera scharfe, ins Grundsätzliche gehende Kritik an Brods Sicht auf seinen Freund und dessen Werk geübt:

> *Brod war ein brillanter Intellektueller von außerordentlicher Energie; ein großzügiger Mann, bereit, für andere zu kämpfen; seine Zuneigung für Kafka war herzlich und uneigennützig. Das Unglück lag einzig in seiner künstlerischen Orientierung: als Geistesmensch wusste er nicht, was die Leidenschaft für die Form bedeutet; seine Romane (er schrieb*

ungefähr zwanzig) sind hoffnungslos konventionell; und vor allem: er verstand absolut nichts von moderner Kunst. (ebd., 44)

Kafka hätte ein solches Urteil wohl nicht überrascht. Als er 1911 nach allerlei Zögern »Richard und Samuel«, das gemeinsame Romanprojekt mit Brod abbrach, notierte er sich:

Ich und Max müssen doch grundverschieden sein. Sosehr ich seine Schriften bewundere, wenn sie als meinem Eingriff und jedem andern unzugängliches Ganzes vor mir liegen, selbst heute eine Reihe kleiner Buchbesprechungen, so ist doch jeder Satz, den er für »Richard und Samuel« schreibt, mit einer widerwilligen Konzession von meiner Seite verbunden, die ich schmerzlich bis in meine Tiefe spüre. Wenigstens heute. (T, 167)

[5]

Nach Max Brod sind es einige andere Schriftsteller, die für die Verbreitung und das Verständnis der Werke Kafkas viel getan haben – Übersetzer wie Edwin Muir und Bearbeiter wie André Gide, auch Leser, die, nicht selten angeleitet von Max Brod, an Kafka erinnerten und ihn würdigten. Thomas Mann hat für dessen Rezeption, selbst die frühe posthume, zweifellos nicht dieselbe Bedeutung gehabt wie Brod. Sein »Homage« überschriebenes Vorwort für die amerikanische Ausgabe von »The Castle«, seine bis heute bekannteste Äußerung über Franz Kafka, dürfte jedoch nicht unwesentlich zu dessen Beachtung in den USA beigetragen haben, schon durch das Ansehen, das er im Land genoss.

Eine weniger offensichtliche, aber kaum geringere Bedeutung für die frühe Wahrnehmung Kafkas hat Hannah Arendt gehabt. Als Lektorin des New Yorker Schocken Verlags betreute sie die amerikanische Ausgabe der Tagebücher ebenso diskret wie sorgfältig. 1944 stellte sie Kafka, 20 Jahre nach seinem Tod, dem amerikanischen Publikum vor, in einem »A Reevaluation« untertitelten Essay, den sie 1947 auf Deutsch in der u. a. von Dolf Sternberger und Karl Jaspers herausgegebenen Zeitschrift »Die Wandlung« veröffentlichte. In ihrer berühmten Abhandlung über das ›Pariatum‹ der deutschen Juden »Die verborgene Tradition« ist Kafka das Schlusskapitel vorbehalten. Auch später ist Hannah Arendt in ihren Büchern immer wieder auf ihn zurückgekommen, durchweg mit dem ihr eigenen Scharfsinn, der sich mit einer für Philosophen nicht selbstverständlichen literarischen Sachkunde verband.

Im Ganzen kaum zu ermessen sind schließlich die Verdienste von Jorge Luis Borges um Kafkas Werk – auch wenn sie auf den ersten Blick vergleichsweise bescheiden anmuten. Vor allem mit dem kurzen Essay, mit dem er in den 50er Jahren die erste spanischsprachige Auswahl der Erzählungen Kafka versehen hat, leitete er dessen lateinamerikanische Rezeption ein, die bis in die Gegenwart reicht. Kaum ein südamerikanischer Autor hat sich an ihr nicht beteiligt, bis hin zu Carlos Fuentes, der Kafka in »Woran ich glaube«, seinem ›Alphabet des Lebens‹, einen Essay gewidmet hat, und Gabriel García Márquez, der gelegentlich davon berichtet hat, welche Wirkung die erste Lektüre der »Verwandlung« auf ihn gehabt hat.

[6]

Die Beschäftigung mit Kafka hat zur Entstehung einer eigenen Literatur geführt, die gelegentlich als ›Kafka-Literatur‹ bezeichnet wird. Gemeint ist damit zunächst Literatur *über* Kafka, dann auch Literatur *in der Art* oder in der *Nachfolge* Kafkas. Zur Literatur über Kafka zählen nicht nur die zahllosen wissenschaftlichen Veröffentlichungen, sondern auch die Bücher und Essays, die vor allem Schriftsteller und Philosophen über ihn geschrieben haben: Interpretationen, Analysen und Porträts. Sie lassen sich grob danach ordnen, ob sie ihn religiös, historisch, philosophisch, soziologisch oder ästhetisch würdigen. Für alle diese Versuche gibt es bedeutende Beispiele.

Die religiöse Kafka-Auslegung verbindet sich wesentlich mit Max Brod. Die »Lehre« (Brod: Über Franz Kafka, 227) des Freundes glaubte er vor allem in den zu Lebzeiten unveröffentlichten Aphorismen erfasst zu haben, die er unter dem Titel »Betrachtungen über Sünde, Leid, Hoffnung und den wahren Weg« herausgab. Ihr Zentrum stellte für ihn die 50. ›Betrachtung‹ dar: »Der Mensch kann nicht leben ohne ein dauerndes Vertrauen zu etwas Unzerstörbarem in sich« (HadL, 44). Diesem philosophischen, möglicherweise eine Transzendenz beschwörenden Satz hat Brod eine weitausholende Auslegung zuteilwerden lassen, die die ganze Last der ›Lehre‹ zu tragen hat.

Problematisch an ihr ist nicht nur, dass Brod das Wort vom »Unzerstörbaren« ganz metaphysisch auslegt – was angesichts seiner Verwendung in der Sammlung, etwa in Nr. 70/1, keineswegs zwingend ist. Problematisch ist auch, dass er einen Aphorismus aus einer ganzen Reihe heraushebt und zu ihrer gedanklichen Mitte erklärt. Er unterstellt dabei eine Einheit der Sammlung, die schon durch die unterschiedlichen Themen und Schreibweisen, auch durch Kafkas Neigung zu sich selbst relativierenden Antithesen und Paradoxa, in Frage gestellt wird.

Die Arbeiten über Kafkas Verhältnis zur Religion haben sich nach Brod auf seine Beziehung zum Judentum konzentriert – ohne wesentlich über Saul Friedländers lakonische Feststellung hinausgelangt zu sein, dass er »sowohl zur Religion wie auch zum Zionismus Abstand« (Friedländer, 72) wahrte. Vor den »Irrtümern« einer religiösen Deutung der Werke Kafkas haben schon früher einige seiner kundigsten Leser gewarnt.

Hannah Arendt befand bereits 1948, die Auslegungen des typischen »Leser[s] der zwanziger Jahre«, der für sie wohl vor allem Brod war, »offenbarten mehr über ihn selbst als über Kafka« (Arendt: Tradition, 93). Noch deutlicher wurde Vladimir Nabokov in seinen Vorlesungen am Wellesley College über Kafkas »Verwandlung«. »Ganz und gar«, schreibt er,

> *lehne ich Max Brods Behauptung ab, Kafkas Schaffen dürfe ausschließlich unter der Kategorie der Heiligkeit (und nicht etwa der Literatur) betrachtet werden. Kafka war vor allem Künstler, und wenn man auch behaupten kann, jeder Künstler habe etwas vom Heiligen (eine Ansicht, die sich durchaus mit der meinigen deckt), glaube ich nicht, daß sich in Kafkas Genie Religiöses hineinlesen lässt.*
>
> (Nabokov, 319–320)

[7]

Die Versuche, in Kafka mehr oder noch etwas anderes als einen Schriftsteller und in seinem Werk mehr oder noch etwas anderes als Literatur zu sehen, haben mit der Zeit immer häufiger einen kulturhistorischen, schließlich auch einen politischen Akzent erhalten. Die Aufmerksamkeit richtete sich zunehmend auf das, was ihn mit einer bestimmten Zeit besonders zu verbinden scheint. Audens frühe Bemerkung über Kafka: er sei »the artist who comes nearest to bearing the same kind of relation to our age that Dante, Shakespeare and Goethe bore to theirs« (Auden, 110), steht am Anfang dieser Sicht. Sie ist getragen von der Überzeugung, dass Kafka über ›seine‹ Zeit – die oft auch noch als unsere begriffen wird – mehr zu sagen habe als andere, auch andere Autoren. Auf den Punkt gebracht hat diese Ansicht Jean-Paul Sartre in seinem berühmten Essay »Was ist Literatur?« (»Qu'est-ce que la littérature?«):

> *Über KAFKA wurde schon alles gesagt: er wollte die Bürokratie darstellen, das Fortschreiten der Krankheit, die Lage der Juden in Osteuropa, die Suche nach der unerreichbaren Transzendenz, die Welt der Gnade, wenn die Gnade ausbleibt. Das ist alles richtig; ich möchte noch sagen: er wollte die menschliche Situation beschreiben. Besonders spürbar für uns war aber, daß wir in diesem ewigen ›Prozeß‹, der brüsk und böse ausgeht und dessen Richter unbekannt und unerreichbar bleiben, in dem vergeblichen Bemühen des Angeschuldigten, die Hauptankläger kennenzulernen, in dieser geduldig aufgebauten Verteidigung, die sich gegen den Verteidiger wendet und als Belastungsmoment figuriert, in dieser absurden Gegenwart, die die Figuren so angelegentlich leben und deren Schlüssel anderswo zu suchen ist [...], daß wir in all dem die Geschichte erkannten und in der Geschichte uns selber.* (Sartre, 133–134)

Diese summarisch-knappe Deutung eines großen Werks, die wohl Susan Sontags Unwillen auf sich gezogen hätte, ist ein paradigmatisches Beispiel für den Versuch, in Kafkas Texten ein Dokument zu sehen, das in besonderer und besonders ergiebiger Weise Auskunft über seine oder unsere Zeit zu geben vermag.

Solche Versuche schließen meist eine Deutung der Person und der Persönlichkeit, des Lebens und der Lebensumstände des Autors ein, denen dabei ein gewisses Eigenrecht verliehen wird – über die Tatsache hinaus, dass er Künstler war und literarische Texte geschaffen hat. In dieser Sicht wurde aus dem scheuen und zurückgezogen lebenden Schriftsteller Franz Kafka eine heimliche Hauptfigur seiner Zeit. Seine unscheinbare, nach außen wenig bemerkenswerte Existenz erhielt eine Bedeutsamkeit, an die er selbst nie gedacht hätte. Kafka wurde, wie Saul Friedländer schreibt, »eine kulturelle Gestalt des vergangenen Jahrhunderts«, die dabei jedoch »so vielfältig deutbar ist wie keine andere« (Friedländer, 19): etwa als osteuropäischer Jude, der entweder seiner Herkunft entfremdet ist oder sie sucht und schließlich findet; als Jurist und Verwaltungsbeamter, der ein Fachmann, auf jeden Fall aber ein Zeuge für die Verrechtlichung wie für die Bürokratisierung des modernen Lebens ist; als Junggeselle und Verlobter, als Bruder und Sohn, schließlich als unheilbar Kranker, der jeweils eine für viele Zeitgenossen typische Existenz führte.

Die Versuche, Kafka und sein Werk zu signifikanten, wenn nicht epochalen kulturellen Ereignissen zu machen, heben seine Besonderheit in etwas Allgemeinem auf. Sie laufen zumeist auf eine von zwei Denkfiguren hinaus: Entweder gilt er als stiller, dafür umso bedeutsamerer Repräsentant seiner Zeit oder als heimlicher Prophet, der in seinen Texten Entwicklungen des 20. Jahrhunderts vorausgesehen hat, die er nicht mehr erlebte. Diese beiden Denkfiguren, deren eine man kulturhistorisch, deren andere man politisch nennen kann, sind miteinander kaum zu vereinbaren. Im einen Fall wird nämlich vorausgesetzt, dass der Autor mit seiner Zeit in einer besonders innigen Beziehung gestanden habe, im anderen Fall aber, dass er ihr voraus gewesen und eine spätere im Blick gehabt, ja vorab erkannt habe.

Auch für sich genommen werfen beide Lesarten erhebliche Fragen auf. Die politische ist in der Regel anachronistisch und metaphorisch. Die Ereignisse der erzählten Welt, auch ihr Personal, werden als Metaphern für Verhältnisse genommen, die zumeist erst nach dem Tod des Autors eingetreten sind. Solche Auslegungen verraten in der Regel einen Scharfsinn, der allerdings weniger dem Autor als seinen Interpreten eigen ist. Indem sie Analogien zwischen Kafkas fiktiver und unserer historischen Wirklichkeit herstellen, betätigen *sie* sich als rückwärtsgewandte Propheten. So wird dann etwa eine Erzählung wie »In der Strafkolonie« auf so verschiedene historische Verhältnisse wie den Holocaust oder den Kolonialismus bezogen.

Schon solche Divergenz der Deutungen sollte jedoch misstrauisch machen: Was für ein Prophet kann das sein, dessen ›Vorhersagen‹ so unterschiedlich auslegbar sind?

Die kulturhistorische Lesart ist dagegen auf die literarischen Werke weniger angewiesen. Sie hält sich eher an die Biographie Kafkas, die immer mehr ausgeleuchtet wird nach dem, was an ihr und ihm repräsentativ für seine Zeit sei. Das Interesse an seinem Werk hat sich dadurch zumindest verschoben: hin zu einer Aufwertung seiner Briefe und Tagebücher, selbst seiner amtlichen Schriften gegenüber den literarischen Texten, die, wenn sie einbezogen werden, oftmals von den biographischen Dokumenten her neu gedeutet werden.

Solche Ausforschungen sehen nicht zuletzt davon ab, dass Kafkas Werk, wie Adorno betonte, »zur Geschichte« sich »hermetisch verhält« (Adorno, 321). Wer die literarischen Texte liest, die allein Kafka überliefert sehen wollte, kann tatsächlich ein ganz anderes Bild von seiner Verbundenheit mit der Epoche erhalten. In den Erzählungen gibt es insgesamt nicht viele Referenzen auf das Zeitalter, das gelegentlich sogar seines: das ›Zeitalter Kafkas‹, genannt wurde. Auch in seine Briefe und Tagebücher ist meist nicht viel mehr als ein schwacher Widerschein der Zeitereignisse gefallen. Es dürfte kaum einen anderen Schriftsteller des frühen 20. Jahrhunderts geben, der etwa dem Ersten Weltkrieg so wenig Aufmerksamkeit gewidmet hat wie Kafka. Auch dem Kolonialismus, dem west- und dem osteuropäischen Judentum hat er durchweg nicht so viel Beachtung geschenkt, wie es vor allem die Wissenschaftler tun, die ihn mit all dem in eine enge Verbindung zu bringen versuchen. Kafkas kulturelle Interessen standen zumeist nicht nur hinter seinen privaten, sondern auch hinter seinen ästhetischen zurück.

[8]

Nicht unbedenklich sind auch manche Versuche, Kafka zu einem Philosophen, zumindest zu einem philosophisch denkenden Schriftsteller zu machen und, wenn schon nicht seiner ›Lehre‹, dann doch zumindest seinem ›Denken‹ nachzuspüren. Der bekannteste stammt von Albert Camus und findet sich im Anhang zu seinem viel gelesenen Essay »Der Mythos von Sisyphos« (»Le Mythe de Sisyphe«). »Die Hoffnung und das Absurde im Werk von Franz Kafka« ist bis heute auch die populärste existentialistische Auseinandersetzung mit Kafka. Vor allem anhand der beiden großen Romane »Der Prozeß« und »Das Schloß« versucht Camus, die Frage zu beantworten, »in welche Tradition des Denkens KAFKAS Werk einzureihen ist« (Camus, 11). Das mag für einen Schriftsteller keine selbstverständliche Frage sein, und sie ist es auch für Kafka nicht. Doch mag sie seinerzeit, angesichts des Versuchs von Max Brod, eine religiöse ›Lehre‹ Kafkas zu verbreiten, eine gewisse Plausibilität gehabt haben.

Die Beantwortung dieser Frage verlangt eine Interpretation der beiden Romane, zusammen und in ihrem Verhältnis zueinander, die Camus weniger entwickelt als voraussetzt. Wie weit er dabei Max Brod folgt, verrät schon die Bemerkung, »Das Schloß« sei vielleicht

> *eine in Handlung umgesetzte Theologie, vor allem aber das persönliche Abenteuer einer Seele, die ihre Gnade sucht, eines Mannes, der die Dinge dieser Welt um ihr königliches Geheimnis befragt und die Frauen nach den Merkmalen des Gottes, der in ihnen schlummert.*
> (Camus, 103)

Camus findet bei Kafka vor allem Spuren »des existentiellen Denkens« (ebd., 109). Auch wenn er im »Prozeß« »unausgesprochene Auflehnung«, »hellsichtige, stumme Verzweiflung«

und »erstaunliche Freiheit im Verhalten« (ebd., 106) entdeckt – das alles, ohne eine Textstelle zum Beweis anzuführen –, rechnet er Kafka am Ende doch nicht zu den existentialistischen, sondern eben zu den ›existentiellen Romanschriftstellern‹ (vgl. ebd., 110). Sie kennzeichnet, dass sie zwar »ganz und gar dem Absurden und dessen Folgen zugewandt sind, schließlich doch mit diesem gewaltigen Hoffnungsschrei enden« (ebd., 9). Dem Absurden gewinnen sie letztlich einen Sinn ab und »umarmen den Gott, der sie verschlingt«: »Das Absurde wird erkannt und anerkannt, der Mensch findet sich mit ihm ab, und von diesem Augenblick an wissen wir, daß es nicht mehr das Absurde ist« (ebd.). Kafka und seine Helden sind, kurz gesagt, keine Menschen in der Revolte gegen das Sinnlose, sie hoffen noch auf göttliche Gnade. Sie versöhnen sich mit dem, wogegen sie aufbegehren müssten.

Der Essay leidet erkennbar darunter, dass er unbeirrt dem eigenen Denken Camus' und der Deutung Brods folgt – ohne sich auf Kafka einzulassen. Kafka wird ihm nur zu einem Beispiel für eine Unterscheidung, für die man ihn letztlich nicht braucht. Die große Resonanz des Essays mag sich dem lange wirksamen Bedürfnis verdanken, den schwierigen, ja geheimnisvollen Kafka auf den Begriff zu bringen, ihn philosophisch zu enträtseln, ohne sich um den ästhetischen Charakter seines Werks weiter kümmern zu müssen.

Neben dem »Prozeß« mag allerdings gerade »Das Schloß« auch zu solchen Versuchen besonders herausfordern. Von beiden hat Adorno bemerkt, dass sie, »wenn schon nicht im Detail, so jedenfalls im großen Philosopheme auf die Stirn geschrieben« (Adorno, 305) haben. Gleichwohl lassen sich weder die Romanfragmente noch die Erzählungen auf solche »Philosopheme« reduzieren. Für Kafka gilt eher, etwas abgewandelt, was Karl Jaspers über den Philosophen Nietzsche geschrieben hat:

> *Er zeigt uns nicht den Weg, lehrt uns nicht einen Glauben, stellt uns nicht auf einen Boden. Er lässt uns vielmehr keine Ruhe, quält uns unablässig, jagt uns auf aus jedem Winkel, verwehrt jede Verschleierung.* (Jaspers: Nietzsche, 82)

Auch Kafka gibt uns keine Ruhe. Er beunruhigt, er verunsichert. Er lebte in keiner philosophischen oder religiösen Gewissheit, die er hätte vermitteln oder weitergeben können.

[9]

Gegen Versuche, Kafkas Werk auf einen Begriff zu bringen, sind Adornos eigene »Aufzeichnungen« zu ihm gerichtet. Kafka, so merkt er gleich zu Beginn kritisch an, »wird eingeordnet in eine etablierte Denkrichtung, anstatt daß man bei dem beharrte, was die Einordnung erschwert und eben darum die Deutung erheischt« (Adorno, 302). Adornos eigener Versuch ist als Essay nicht systematisch. Er umkreist vielmehr den »Skandal«, »auf den das Werk angelegt ist« (ebd.). Dabei beschreibt er, ähnlich wie Hannah Arendt, die hermeneutische Herausforderung, die für den um Verständnis bemühten Leser Kafkas Werk darstellt:

> *Durch die Gewalt, mit der Kafka Deutung gebietet, zieht er die ästhetische Distanz ein. Er mutet dem angeblich interesselosen Betrachter von einst verzweifelte Anstrengung zu, springt ihn an und suggeriert ihm, daß weit mehr als sein geistiges Gleichgewicht davon abhänge, ob er richtig versteht, Leben oder Tod.* (ebd., 304)

Zu dem, was Kafkas Werk als literarischen ›Skandal‹ ausmacht, sammelt Adorno gewissermaßen Indizien. »Kafka«, so schreibt er, »versündigt sich gegen eine althergebrachte Spielregel, indem er Kunst aus nichts anderem fertigt als aus dem

Kehricht der Realität« (ebd., 312). »Nichts Irres«, ergänzt er, »– wie bei dem Erzähler, dem er Entscheidendes absah, Robert Walser – ist in seiner Prosa, jeden Satz hat der seiner selbst mächtige Geist geprägt, aber jeden Satz hat er auch zuvor der Zone des Wahnsinns entrissen« (ebd., 315).

So triftig solche Behauptungen sind, so überraschend mögen andere sein. »Sein Werk hat den Ton des Ultralinken«, schreibt Adorno: »wer es aufs allgemein Menschliche nivelliert, verfälscht ihn bereits konformistisch« (ebd., 327). »Das hermetische Prinzip«, das Kafkas Werk bestimme, sei »das der vollendet entfremdeten Subjektivität«, weshalb er auch »jeglicher sozialen Eingliederung« (ebd.) widerstanden habe. Schon Kafkas Vorliebe für die Parabel kennzeichne ihn als einen Aufklärer wie seinen Vorläufer Lessing. »Die parabolische Form selbst«, schreibt Adorno, wohl beide meinend, »ist aber von der aufklärerischen Intention schwerlich zu trennen«: Sie breche »den mythischen Bann« (ebd., 335). »Die Verdunkelung, das Abbrechen der parabolischen Intention sind Konsequenzen der Aufklärung [...]. Kafka reagiert im Geiste der Aufklärung auf deren Rückschlag in Mythologie« (ebd.).

Nicht nur bei diesem Gedanken stellt sich allerdings die Frage, ob Adorno seine Absicht, Kafka nicht in ›etablierte Denkrichtungen‹ einzuordnen, konsequent umzusetzen vermag. So bringt er Kafka nicht nur in die Nähe etwa der jüdischen Mystik, sondern auch des Expressionismus. Seine Sprache sei zwar »fern der expressionistischen«, aber »die Idee des Expressionismus« rette Kafka, »indem er, anstatt Urlauten vergebens nachzuhorchen, den Habitus expressionistischer Malerei auf die Dichtung überträgt« (ebd., 331).

[10]

Hannah Arendts Versuche über Kafka stehen nicht nur zeitlich zwischen denen von Camus und Adorno. Auch sie versucht, ihn einzuordnen, bleibt aber dabei all dessen gewahr, was sich der Einordnung entzieht, weil es zur Individualität des Autors gehört. In »Die verborgene Tradition« ist Kafka ein Kapitel gewidmet, das »Der Mensch mit dem guten Willen« überschrieben ist. Damit ist zunächst K. gemeint, aber über ihn hinaus auch sein Autor. »Seine Genialität, ja seine spezifische Modernität«, schreibt Arendt,

> *war es gerade, daß sein Vorhaben nur darauf ging, ein Mensch unter Menschen, ein normales Mitglied einer menschlichen Gesellschaft zu sein. Es war nicht seine Schuld, dass diese Gesellschaft keine menschliche mehr war, und daß der in sie verschlagene Mensch, wenn er guten Willens war, wie eine Ausnahme, wie ein »Heiliger« – oder wie Irrsinnniger wirken musste.* (Arendt: Tradition, 71)

In dieser Charakterisierung steckt – über eine Distanzierung von Brod hinaus – eine Anspielung auf »Kants Begriff des ›guten Willens‹ [...], der unfähig ist zum Handeln, weil er nur auf Vernunft sich gründet« (Arendt: Menschen, 111). Insofern sie dieses Konzept heranzieht, ist auch Hannah Arendts Kafka-Auslegung eine philosophische Interpretation, die allerdings im Unterschied zu der Camus' nicht beabsichtigt, den Autor auf sie zu reduzieren und für eine eigene Philosophie passend zu machen.

Über ihre Deutungen der Romane hinaus hat Hannah Arendt das Verständnis Kafkas um einige wichtige Gedanken bereichert – nicht zuletzt über das, was sie als das große, über alle Themen hinausreichende Anliegen Kafkas begreift. In ihm hat sie den möglichen Nutzen erkannt, den ein Leser von der Lektüre seiner verschlossenen Texte haben kann:

> *Das einzige, was den Leser in Kafkas Werk lockt und verlockt, ist die Wahrheit selbst, und diese Verlockung ist Kafka in seiner stillosen Vollkommenheit – jeder »Stil« würde durch seinen eigenen Zauber von der Wahrheit ablenken – bis zu dem unglaublichen Grade geglückt, daß seine Geschichten auch dann in Bann schlagen, wenn der Leser ihren eigentlichen Wahrheitsgehalt erst einmal nicht begreift. Kafkas eigentliche Kunst besteht darin, daß der Leser eine unbestimmte, vage Faszination, die sich mit der unausweichlich klaren Erinnerung an bestimmte, erst scheinbar sinnlose Bilder und Begebenheiten paart, so lange aushält und sie so entscheidend in sein Leben mitnimmt, daß ihm irgendwann einmal, auf Grund irgendeiner Erfahrung plötzlich die wahre Bedeutung der Geschichte sich enthüllt mit der zwingenden Leuchtkraft der Evidenz.* (Arendt: Tradition, 89)

Die Erkenntnis, dass Literatur, gerade wenn sie Kunst ist und sein will, einen Anspruch auf Wahrheit erhebt, hat Hannah Arendt vielen Literaturwissenschaftlern voraus.

Den philosophischen Auslegungen Kafkas ist, trotz der Klugheit ihrer Verfasser, eine methodische Grenze gesetzt. Gedanken, die man philosophisch nennen könnte, gibt es zweifellos in seinen Schriften, nicht nur in den Aphorismen. Deshalb sind manche philosophischen Auslegungen durchaus erhellend. Ihre Berechtigung liegt darin, dass Literatur – nicht immer, aber doch oft, vielleicht meistens – aus Gedanken entsteht, die man gewöhnlich die ›Idee‹ eines Werks nennt. Sie genau zu erfassen mag Philosophen leichter fallen als Schriftstellern, doch ist der Gedanke, der einem Werk, mitunter auch nur seiner Entstehung, zugrunde liegt, nicht zu abstrahieren von seiner Verwandlung in die ästhetische Gestalt eines literarischen Kunstwerks. Nur wo sie mitgedacht wird, kann die philosophische Auslegung überzeugen.

[11]

Allen mehr als ›nur‹ ästhetischen Auslegungen Kafkas, welcher Art auch immer, ist gemeinsam, dass sie auf der Suche nach einer Wahrheit sind, die ein Text vermittelt, die aber über ihn hinaus weist und die noch außerhalb seiner gültig ist. Der italienische Dichter und Kritiker Franco Fortini hat das Recht auch einer soziologischen Auslegung eben darin gesehen, dass sie »eine unabweisbare Wahrheit« besitze. Im Fall Kafkas hat er sie in der »Ehre des Menschen« erkannt:

> Heute und jetzt ist die Ehre des Menschen engagiert, um die Schrekken der Welt des *Prozesses*, der *Strafkolonie*, der *Verwandlung*, des *Schlosses* und Kafkas *Amerika* zu bekämpfen, um zu bewirken, daß diese Schrecken nicht mehr in *längst bekannter Weise* zur *Wirklichkeit* würden. (Fortini, 211)

»Der Mensch Kafkas«, schließt Fortini seinen Essay,

> Zeitgenosse des Nazitums, im schneebedeckten Dorf zu Füßen des Schlosses verloren, wie ein Wurm an den Wänden eines Untermietzimmers hinaufkriechend, furchtbebend in der Tiefe der Höhle hockend, abgeschlachtet wie ein Hund auf wüster Stätte, dieser Mensch hat ein Anrecht auf die aufmerksame *pietas* der Gegenwärtigen und der Kommenden. (ebd., 216)

Eine solche Haltung begründet, was Fortini eine »lebendige« Auslegung nennt: Sie stellt eine Verbindung zwischen dem literarischen Werk und dem jeweils gerade gelebten Leben her. Ihre Wahrheit liegt außerhalb der Literatur; sie ist eine philosophische oder soziologische oder psychologische oder auch eine politische. Der Interpret gewinnt sie, indem er den Text, wie Fortini schreibt, »an diese oder jene mystische, religiöse oder philosophische *Erfahrung* angleicht« (ebd., 211) oder auch an einen solchen Gedanken oder Begriff.

Fortinis eigene Deutung, die sich als soziologisch versteht, ist zugleich moralisch. Das Mitleid, von dem er spricht, ist das des Lesers, nicht das des unbeteiligten Erzählers in den Texten Kafkas, an die es vielmehr von außen herangetragen wird. Was in ihnen dargestellt wird, begreift ein Leser wie Fortini – ähnlich wie Camus – nicht als ein Modell, sondern als einen Appell, allerdings als einen unausgesprochenen, der ihm als besonders drängend gilt, weil er stumm bleibt. Das literarische Werk wird so im Namen einer Kultur, der sich der Leser zugehörig weiß, zu einem Aufruf, die Kunst hinter sich zu lassen, aus dem Ästhetischen eine Aktivität zu entwickeln und in diese Kultur – der Auflehnung, des Beharrens oder des Mitleids – handelnd einzutreten. Das Argument, das man für solche Versuche aus dem Werk Kafkas ableiten kann, ist das Nicht-Einverstanden-Sein mit der Welt, das sich durch viele seiner Erzählungen und zumindest auch durch seine beiden großen Romanfragmente zieht. Gegen solche Versuche der Kultivierung des Ästhetischen kann man jedoch anführen, dass sie die Kunst Kafkas nicht aushalten. Sie müssen sie in etwas anderes überführen.

[12]

Von all den religiösen, historischen, philosophischen und soziologischen Auslegungen unterscheiden sich die Versuche der Schriftsteller, die Kafka vor allem als Künstler würdigen. Nicht ohne Grund ist er oft ein Autor für Autoren genannt worden. Schriftsteller haben viel zu seinem Nachruhm beigetragen; unter ihnen hat er einige seiner anhänglichsten und klügsten Leser gefunden. Wie die anderen Anstrengungen, sein Werk zu verstehen, ergeben allerdings auch ihre Bemühungen weder ein einheitliches noch ein abschließendes Bild von ihm. Das ist nicht nur in seiner literarischen Individualität begründet, die nicht auszuschöpfen ist, sondern auch in ihrer: Ihr Zugang zu Kafka und seinem Werk ist jeweils selbst im Letzten wieder individuell. Adorno hat bemerkt, dass sich ein Werk wie das Kafkas »in der Zeit« ›entfalte‹ (Adorno, 305). Dabei entfaltet es sich immer in Individuen, die etwas Neues, noch nicht Gesehenes in ihm zu erkennen vermögen.

Auch die Reihe der literarischen, zumeist essayistischen Versuche über Kafka ist lang – unüberschaubar lang. Einige in ihrer Zeit, aber nicht nur in ihrer Zeit bemerkenswerte ragen allerdings aus der Menge heraus. Sie lassen sich grob um zwei Pole gruppieren, einen Objekt- und einen Subjektpol. Auf der einen Seite stehen Versuche, Kafka ästhetisch zu charakterisieren, zu denen auch literarhistorische Einordnungen gehören; auf der anderen Seite Versuche von Schriftstellern, sich und das eigene Schreiben mit Kafka zu verbinden. Essays von Milan Kundera, Jorge Luis Borges, Hermann Broch, Thomas Mann und André Breton lassen sich dem einen, Arbeiten von André Gide, Elias Canetti und Peter Handke dem anderen Pol zuordnen.

[13]

In seinen Essaybänden »Die Kunst des Romans«, »Verratene Vermächtnisse« und »Der Vorhang« kommt Milan Kundera, über fast zwei Jahrzehnte hinweg, immer wieder auf Kafka zu sprechen. Dabei versucht er das eine um das andere Mal, Kafkas historische und literarhistorische Signatur zu beschreiben – aus der Sicht eines nachgeborenen Autors, der mit ihm durch die gemeinsame Prager Herkunft verbunden ist, sein Werk allerdings vor dem Hintergrund der eigenen geschichtlichen Erfahrung gelesen hat. Unweigerlich kommt dabei der

Totalitarismus des 20. Jahrhunderts ins Spiel, auf den man vor allem Kafkas Romane immer wieder anachronistisch bezogen hat.

Kundera rechnet Kafka zusammen mit James Joyce, Robert Musil, Jaroslav Hašek und Hermann Broch zu den bedeutendsten Romanciers der europäischen Moderne. Sie stehen, genau genommen, zusammen für die große Phase des modernen vor allem *zentral*europäischen Romans der 20er und 30er Jahre, die auf die Vorherrschaft der französischen Erzähler von Flaubert bis Proust folgte und von der Dominanz der amerikanischen von Hemingway bis Faulkner abgelöst wurde. Dieser europäischen Tradition des Romans fühlt sich Kundera verbunden. Kafkas Bedeutung, sein erzählerisches Vermächtnis, liegt für ihn im »*Ruf des Traums*«:

> Die im 19. Jahrhundert eingeschlafene Imagination wurde plötzlich von Franz Kafka erweckt; ihm gelang, was nach ihm die Surrealisten zwar forderten, aber nicht eigentlich vollzogen: die Verschmelzung von Traum und Wirklichkeit. (Kundera: Kunst des Romans, 23)

Dies stellt für Kundera

> nicht so sehr das Ende einer Entwicklung, vielmehr eine unerwartete Erschließung dar, die den Roman vom scheinbar unabdingbaren Imperativ der Wahrscheinlichkeit befreit und als Ort ausweist, wo die Imagination sich entladen kann wie im Traum. (ebd., 24)

Kundera hat dafür eine anschauliche Metapher gefunden: »Die Grenze des Unwahrscheinlichen wird nicht mehr bewacht« (Kundera: Der Vorhang, 92).

Die politische Metapher ist nicht beliebig gewählt. In »Die Kunst des Romans« (»L'art du roman«), auf Französisch zuerst 1986 erschienen, hat Kundera versucht, Kafka über die literarhistorische hinaus eine allerdings letztlich auch historische ästhetische Signatur zu geben. Sie tritt deutlich vor dem Hintergrund sozialistischer Kritik an Kafkas Werk hervor, die ihren wichtigsten Wortführer in Georg Lukács hatte. Den Vorwurf eines gesellschaftlich verblendenden oder blinden Formalismus, den er erhob, weist Kundera effektvoll zurück: Für ihn lässt sich mit Kafkas Werk vielmehr gerade die Problematik des Sozialismus als Stalinismus entlarven.

Kafkas Werk ist für Kundera autonom, in freiwilliger sozialer Zurückgezogenheit entstanden, ohne dass der Autor besondere philosophische oder politische Interessen gezeigt hätte – und dennoch, oder genauer: darum relevant. Mit einer Formulierung aus einem Gedicht des tschechischen Dichters Jan Skácel ist für Kundera Kafkas Leistung, »eine menschliche Möglichkeit« erkannt zu haben, »die dann eines Tages auch von der Geschichte entdeckt wird« (ebd., 125) – in diesem Fall: im stalinistischen Sozialismus, wie ihn Kundera in der Tschechoslowakei selbst erfahren hat. Das ist für ihn »Sehen«, nicht »Voraus-Sehen«: Kafka »hat Mechanismen sichtbar gemacht, die er aus der privaten und mikrosozialen Praxis des Menschen kannte, ohne zu ahnen, daß die spätere Entwicklung der Geschichte diese auf ihrer großen Bühne in Szene setzen sollte« (ebd., 125–126).

Auch wenn Kafka kein realistischer Erzähler ist, bleibt seine Kunst doch nicht selbstgenügsam. Weil sie »menschliche Möglichkeiten« zeigt, ›Modelle‹, wie sie Hannah Arendt genannt hat, erlaubt sie es trotz ihrer, ja in ihrer Autonomie vielmehr, mimetische Bezüge herzustellen:

> Die Begegnung der realen Welt totalitärer Staaten und des Kafkaschen »Gedichtes« wird immer etwas Geheimnisvolles haben; sie wird Beleg dafür sein, daß der poetische Akt seinem Wesen nach unkalkulierbar ist; und auch paradox: Die enorme gesellschaftliche, politische, »prophetische« Tragweite der Kafkaschen Romane beruht gerade darauf, daß sie »nicht-engagiert« sind, beruht auf ihrer völligen Autonomie

gegenüber allen politischen Programmen, ideologischen Begriffen und futurologischen Prognosen. (ebd., 126)

Das »Kafkaeske« ist für Kundera deshalb »der einzige gemeinsame Nenner von (sowohl literarischen als auch wirklichen) Situationen, die durch kein anderes Wort zu charakterisieren sind und für die weder Politologie noch Soziologie noch Psychologie einen Schlüssel liefern« (ebd., 110). Kafka hat, mit dem Schlusswort Kunderas, etwas »über unsere *conditio humana* (wie sie in unserem Jahrhundert sichtbar wird)« gesagt, »was uns keine soziologische oder politologische Überlegung wird sagen können« (ebd., 127). So verstanden, ist Kafkas Werk in einem emphatischen Sinn Literatur (oder Dichtung): Es eröffnet einen eigenen Zugang zur historischen Welt des Menschen, über die es etwas sagen kann, was auf andere Weise nicht auszudrücken ist.

[14]

Das Problem einer historischen und ästhetischen Signatur Kafkas hat auch Jorge Luis Borges erörtert – mit einem stärkeren Akzent allerdings auf der literarhistorischen. Er hat das in den zwei kurzen Essays von jeweils nur vier Seiten getan, die er im Abstand von 13 Jahren, 1938 und 1951, veröffentlicht hat. Der erste ist »Kafka und seine Vorläufer« (»Kafka y sus precursores«) überschrieben. Bemerkenswert an ihm ist vielleicht weniger die gleichwohl zum Teil überraschende Reihe der ›Vorläufer‹ Kafkas, die er aufmacht – von Zenon und Han Yu über Sören Kierkegaard und Robert Browning bis zu Léon Bloy und Lord Dunsany – als die literarhistorische Perspektive. »Anfangs«, so erläutert Borges seinen Versuch, habe er Kafka »für so einzigartig wie den Phönix der rhetorischen Preisungen« (Borges, 114) angesehen; »kaum hatte ich mich mit ihm eingelassen, als ich seine Stimme oder seine Gepflogenheiten in Texten verschiedener Literaturen und verschiedener Zeitalter wiederzuerkennen glaubte« (ebd.).

Das Verhältnis zwischen Kafka und seinen ›Vorläufern‹ hat Borges differenziert beschrieben.

> *In jedem einzelnen dieser Texte findet sich mehr oder weniger deutlich Kafkas Eigentümlichkeit, aber wenn Kafka nicht geschrieben hätte, würden wir sie nicht wahrnehmen; das heißt, sie würde nicht existieren.* (ebd., 116)

Die Vorläufer weisen »prophetisch auf Kafkas Werk voraus, aber unsere Kafkalektüre verfeinert und verändert unsere Lektüre« dieser Werke »erheblich« (ebd.):

> *Tatsache ist, daß jeder Schriftsteller seine Vorläufer erschafft. Seine Arbeit modifiziert unsere Auffassung von der Vergangenheit ebenso, wie sie die Zukunft modifiziert [...] Für diesen Wechselbezug ist die Identität oder Pluralität der Menschen ohne Bedeutung. Der frühe Kafka, der Kafka von »Betrachtung«, ist weniger Vorläufer des Kafka, der finstere Mythen und grässliche Institutionen erschaffen hat, als Browning oder Lord Dunsany.* (ebd., 116–117)

Der Gedanke, dass ein Schriftsteller sich seine eigenen Vorläufer schaffe, nimmt durch seinen anti-historischen Witz ein. Aber ist er mehr als ein Witz? Wenn man ernst nimmt, was Borges in seinem Essay nicht nur behauptet, sondern selbst tut, stellt sich das Ganze etwas anders dar. Denn natürlich schafft, auch in diesem Fall, nicht der Autor seine ›Vorläufer‹, am wenigsten die, die er gar nicht kennt. Es ist ein Leser, der frühere Schriftsteller zu Vorläufern eines anderen erklärt und der von ihm her die Literaturgeschichte neu, auf ihn hin ordnet. Deshalb kann man sich auch fragen, ob der Ausdruck Vorläufer gut gewählt ist und ob er nicht in der Negation dem historischen

Konzept von einem Autor und seinen Nachfolgern verpflichtet bleibt. Die Vorläufer, wie Borges sie nennt, gehen ihm nicht ›voraus‹, so dass sein Werk aus ihren ›hervorginge‹. Sie sind nur Frühere, die ihm in der einen oder anderen Hinsicht ähnlich oder verwandt erscheinen.

Der andere kurze Essay von Borges ist der »Verwandlung« gewidmet (»La metamórfosis«), deren spanischer Übersetzung – in einem Auswahlband aus dem Werk Kafkas – er als Vorwort beigegeben war. Er ist ein Plädoyer für die Erzählungen Kafkas, die Borges offenbar für bedeutender hielt als die Romane. Der Essay wartet dabei mit einigen geradezu souveränen, durchweg knapp formulierten Urteilen über das Werk Kafkas auf, etwa mit der, es sei von zwei Ideen – »besser gesagt, zwei Obsessionen« – beherrscht: »erstens die Unterordnung, zweitens das Unendliche«. Verbunden seien sie, in den Romanen wie in den Erzählungen, mit dem »Motiv der unendlichen Hintansetzung« (Borges, 330).

Nicht weniger entschieden urteilt Borges über die Deutungen der Werke Kafkas:

> *In Deutschland und anderswo hat man theologische Deutungen seines Werks vorgebracht. Sie sind nicht willkürlich – wir wissen, daß Kafka Pascal und Kierkegaard verehrte –, sie sind aber nicht besonders sinnvoll.* (ebd., 331)

Was man, ohne philosophische oder theologische Deutungen zu bemühen, über die literarische Eigenart von Kafkas Werken sagen kann, hat Borges in seinem Essay gleich vorgeführt. »Kafkas unbestreitbarste Tugend«, stellt er etwa fest, »ist die Erfindung unerträglicher Situationen. Für ein dauerhaftes Bild genügen ihm wenige Zeilen« (ebd.). Und er fährt, genauso treffsicher, fort: »Bei Kafka ist die Ausarbeitung weniger bemerkenswert als die Erfindung« (ebd., 332). In wenigen Zeilen begründet Borges, von der Bedeutung der Kafka'schen Erfindungsfähigkeit her, auch den höheren Rang seiner Erzählungen:

> *Die Grundfabel und die Stimmung sind wichtig, nicht die Entwicklung der Fabel noch psychologische Durchdringung. Daher der Vorrang seiner Erzählungen gegenüber seinen Romanen; daher das Recht zu behaupten, daß diese Sammlung von Erzählungen uns das volle Maß dieses so einzigartigen Schriftstellers gibt.* (ebd.)

[15]

Eine tiefgehende ästhetische Problematik hat Hermann Broch in Kafkas Verhältnis zum Schreiben erkannt: den Abschied eines Autors von der Literatur. In seinen poetologischen Essays hat Broch Kafka immer wieder erwähnt, meist allerdings kurz. Etwas ausführlicher wurde Broch in seinem Essay »The style of the mythical age«, in dem er von Kafka behauptet, dass er auf »abstraction« gezielt habe, »at an untheoretical abstraction to which he was driven exclusively by ethical concern« (Broch: Dichten und Erkennen, 262–263). Deshalb sei er über die Literatur hinaus gelangt (»and therefore transcends literature«):

> *He has reached the point of the Either-Or: either poetry is able to proceed to myth, or it goes bankrupt. Kafka, in the presentiment of the new cosmogony, the new theogony that he had to achieve, struggling with his love for literature, his disgust for literature, feeling the insufficiency of any artistic approach, decided (as did Tolstoy, faced with a similiar decision) to quit the realm of literature, and asked that his work to be destroyed; he asked for the sake of the universe whose new mythical concept had been bestowed upon him.* (ebd., 263)

Broch hat diese starke These nicht durch eine Textanalyse erhärtet. Er musste das vielleicht auch gar nicht: Offensichtlich ist, dass er hier mehr über sich spricht. Schon Hannah Arendt, als sie die Essays Brochs 1955 herausgab, hat bemerkt, dass er an dieser Stelle

> *seine eigene Problematik Kafka unterlegt, um so in einer nochmaligen Verkleidung das zu sagen, was er durch den »Tod des Vergil« hatte sagen wollen und doch nicht hatte sagen können, einfach weil die Dichtung des Werkes zu groß war, als daß sein Inhalt, der Angriff auf die Dichtung, noch voll hätte zur Geltung kommen können. So schreibt er in nachträglicher, versteckter Selbstauslegung von Kafka, was man mit größerem Recht von ihm hätte sagen können, und was doch niemand gesagt hat.* (ebd., 11)

Brochs Kritik der Dichtung, hat Arendt betont, geht »über den Haß auf das Literatentum und seinen billigen Ästhetizismus« (ebd.) hinaus – auch, wie hinzuzufügen wäre, über Kafkas Kritik der nichtigen Eitelkeit einer literarischen Existenz. Dichtung ist für Broch »letztlich unzureichend« für die Gewinnung von Wahrheit, sie ist ihm vor allem »eine Ungeduld der Erkenntnis« (ebd., 237). Kafka ist in seiner Argumentation mehr als ein Exemplum. Er ist eine Persona, die Brochs Persönlichkeit als Schriftsteller so nah wie nur möglich kommt. Er versteckt sich nicht hinter ihr. Er geht in ihr auf, so dass er sich selber gar nicht mehr nennen muss.

Ein kurzes Feuilleton Brochs lässt sich als literarischer Reflex dieser Einschätzung lesen. Es ist »Zwei Bücher von Franz Kafka« überschrieben und nur wenige Zeilen lang, keine Rezension, wie man erwarten könnte, nur eine Buchempfehlung zu Weihnachten:

> *Ein Buch als Weihnachtsgeschenk? Bücher gibt es genug, da wären unzählige zu nennen, doch nicht leicht ist es, die richtigen Empfänger*

für sie zu finden. Findet man aber einen, der würdig ist, die Wunderwerke Franz Kafkas zu erhalten, dann schenke man ihm das Schloß […] und die Chinesische Mauer […], und man wähle ihn zum Freund.
(Broch: Schriften 1, 381)

So kurz diese Bemerkung auch ist – eine Buchempfehlung und doch nicht nur eine Buchempfehlung –: sie verrät ein inniges Verhältnis zu Kafka. Über das will der Verfasser aber offensichtlich nicht viele Worte verlieren – so als spräche er von einem Autor, über den man sich nur mit Freunden verständigt, weil er ein gemeinsames Geheimnis birgt, das man nicht mit jedem teilen mag.

[16]

Die Problematik eines Schriftstellers, der die Literatur aufzugeben bereit ist, mag im Sinn Brochs auch historischer Art sein, allerdings Verbindungen durch die Geschichte hindurch, bis zu Vergil, eröffnen. Eher auf eine individuelle Signatur zielen dagegen Versuche ab, bestimmte ästhetische Eigenschaften der Werke Kafkas zu betonen, zumal solche, die sonst nur unzureichend erkannt worden sind. Das gilt vor allem für eine Eigenschaft.

Während die Philosophen noch ganz von dem Ernst der Gedanken oder des ›Denkens‹ Kafkas eingenommen waren, haben einige Autoren bereits seinen nicht weniger offensichtlichen und doch oft übersehenen Hang zur Komik wahrgenommen. Schon Thomas Mann hat in seiner »Homage« von 1941, einer im Ganzen nicht unbedingt originellen Interpretation, die, mitunter wörtlich, Max Brods Nachwort zur ersten deutschen Ausgabe des »Schloß«-Romans folgt, Kafka als einen närrischen Träumer beschreiben:

Er war ein Träumer, und seine Dichtungen sind oft ganz und gar im Charakter des Traumes konzipiert und gestaltet; sie ahmen die alogische und beklommene Narretei der Träume, dieser wunderlichen Schattenspiele des Lebens, zum Lachen genau nach. (Thomas Mann, 772)

Nicht ganz so nachhaltig gewirkt wie diese Bemerkung hat Thomas Manns Hinweis auf Kafka als »einen religiösen Humoristen« (ebd., 773). Zu denken gibt dabei allerdings, dass der ›ironische Deutsche‹, wie er seit Erich Hellers Studie immer wieder genannt wurde, Kafka nicht als seinesgleichen erkannt hat: als einen durch und durch ironischen Erzähler.

[17]

Als Humoristen hat auch André Breton Kafka charakterisiert – allerdings als ›schwarzen‹ Humoristen, ganz ohne Religiosität. In der »Anthologie des Schwarzen Humors«, einer der berühmtesten surrealistischen Unternehmungen, 1940 zuerst erschienen, steht Kafka mit »Die Verwandlung«, »Die Kreuzung« und »Die Brücke« nicht unpassend in einer Reihe etwa mit Swift (den er selbst gelesen hat) und Gide (der ihn gelesen hat).

Bretons Versuch, Kafkas schwarzen Humor zu beschreiben, ist weniger diskursiv als selbst poetisch. »Das Denken Kafkas«, schreibt er etwa,

verdankt seinen ganzen Reiz und Zauber dem wunderschönen Prag, seiner Geburtsstadt: während es die gegenwärtige Minute anzeigt, kreist es, bildlich gesprochen, mit den Uhrzeigern der Synagoge »falsch« herum, dirigiert mittags das Spiel der unzähligen Möven auf der Moldau und entfacht bei anbrechender Dunkelheit für sich allein die erloschenen Öfen im Alchimistengäßchen. (Breton, 416–417)

»Kafkas Helden«, fährt Breton fort, »rennen vergeblich gegen die Tür« zur unsichtbaren »Welt der feierlichen Genugtuungen« (ebd., 417), wie er sie mit Alphonse Rabbe nennt:

> *Der eine hat nicht die geringste Ahnung, weswegen man ihn anklagt, und wird ohne richterlichen Spruch verurteilt; der andere wird in ein Schloß bestellt und es will ihm trotz hartnäckiger Bemühungen nicht gelingen, den Zugang zu ihm zu finden.* (ebd.)

Breton bemüht, in einer poetischen Sprache, immer wieder Vergleiche und Metaphern, um Kafka zu charakterisieren:

> *Kein Werk verwahrt sich so sehr gegen die Aufnahme eines höchsten Prinzips, das außerhalb desjenigen existiere, der denkt: »Der Mensch ist es«, wurde geschrieben, »der in Kafkas Fleischtopf gesotten wird. Auf kleiner Flamme lässt man ihn in der dunklen Brühe der Angst schmoren, aber der Humor hebt pfeifend den Deckel und schreibt mit blauen Lettern kabbalistische Formeln in die Luft.«* (ebd., 418)

Bei solchen poetischen Charakterisierungen hängt alles von der Überzeugungskraft der Metaphern ab. Ihre schöne Anschaulichkeit garantiert allerdings nicht ihre Wahrheit – wie Bretons Versuch zeigt, zwischen Kafkas Werk und seinem angeblichen Beruf eine tiefere Verbindung herzustellen:

> *Da er [Kafka] in Österreich bei der Wasserversorgung angestellt war, gibt man sich der Illusion hin, daß es ihm oblag, dieses Wasser quer durch den Wald der Verhaltensweisen zu leiten, so wie er es verstand, allein aus der Substanz seines Gefühls ein dichtes Gewebe zu spinnen, bei dem es zwischen den Reichen der Minerale, Pflanzen und Tiere bis hin zu den Menschen keine Lücke gibt, und das bei der geringsten Berührung zu vibrieren beginnt.* (ebd.)

Der selbst teils surrealistisch, teils humoristisch anmutende Einfall, Kafka gewissermaßen zum Wasserwerk zu versetzen, erweist sich in diesem kleinen Gleichnis als das, was er vor allem ist: als poetische Phantasie. Besser lässt sich kaum zeigen, wie Literatur aus Literatur entsteht und die Einbildungskraft des einen Autors die eines anderen anregt, selbst da noch, wo es um Tatsachen des Lebens geht.

[18]

Alle diese Versuche, Kafka historisch und ästhetisch einzuordnen, sind essayistischer Art. Sie leben von der Individualität ihrer Verfasser: von ihrem besonderen Blick auf die Literatur und zumal auf Kafka. Sie entziehen sich dadurch auch jeder strengen Systematik. Das gilt noch mehr für letztlich wieder ganz unterschiedliche Versuche einiger Autoren, das eigene Schreiben und Selbstverständnis mit Kafka in eine Verbindung zu setzen.

André Gide hat in seinem »Journal 1939–1942«, gewissermaßen im Vorfeld seiner Bearbeitung des »Prozeß« für die Bühne, immer wieder von seinen zahlreichen Lektüren während der ersten Kriegsjahre berichtet, auch von der der Werke Kafkas. Im August 1940 hat er den »Prozeß« wiedergelesen und sich dazu geäußert:

> *Ich lese den Prozeß von Kafka wieder, mit einer womöglich noch größeren Bewunderung als bei der ersten Endeckung dieses unerhörten Buches. [...] Sein Buch entzieht sich jeder vernunftmäßigen Erklärung; der Realismus seiner Schilderung schweift unaufhörlich in die Gebiete der Phantasie hinüber, und ich wüsste nicht zu sagen, was ich mehr bewundere: die »naturalistische« Beschreibung eines phantastischen Universums, das aber durch die minutiöse Genauigkeit der Bilder vor unseren Augen wie wirklich erstehe, oder die sichere Kühnheit seiner Kreuzfahrten ins Ungewöhnliche. Hier wäre viel zu lernen.*

> *Die quälende Angst, die uns aus diesem Buche anweht, ist in manchen Augenblicken fast unerträglich; denn wie sollte man sich der Empfindung erwehren: dieses gehetzte Wesen bin ich?* (Gide, 76)

Mit der großen Sicherheit, die aus einer genauen und verständigen Lektüre erwächst, gelingt es Gide, Kafkas Kunst ohne alle philosophischen oder ideologischen Hilfskonstruktionen zu ergründen. Dabei liest er ihn als ein Schriftsteller, der bereit ist, von einem anderen, bewunderten zu lernen. Was er von ihm lernt, ist nicht zuletzt, dass er wie der ist, den dieser andere Schriftsteller beschrieben hat – so dass er in ihm auch sich selber schildert.

Wie sehr das für Gide gilt, lässt noch mehr ein Tagebucheintrag vom 5. Mai 1942 erkennen, aus Anlass einer Schiffsreise von Marseille nach Tunis, in dem Gide sich an die Abfahrt erinnert:

> *Wäre ich allein gewesen, hätte ich, glaube ich, alles aufgegeben. Aber der sehr freundliche Ballard begleitete mich überallhin, bewachte mich, glich meine Versager, Vergeßlichkeiten und Zerstreutheiten wieder aus. Im letzten Augenblick, schon jenseits allen Abschiednehmens, kommt er zurück, um mich darauf aufmerksam zu machen, daß ich vergessen hatte meinen Koffer aufzugeben. In Eile muß ich wieder an Land, quer durch phantastische Hangars laufen ... All das sehr »Kafka«. Immerfort denke ich an den Prozeß. Das tödliche Angstgefühl des Nicht-in-der-Regel-Seins. Zum Sterben wären nicht so viele Formalitäten nötig gewesen. Woraus man eine großartige Erzählung bauen könnte. »Sie können doch nicht so abfahren ...« Wenigstens hat man das Recht, nichts mitzunehmen. Das gäbe eins der schönsten Kapitel des Buches: die Loslösung.* (ebd., 185)

Die Episode mag tatsächlich »sehr ›Kafka‹« sein – sofern man Kafka kennt. Sie erinnert aber nicht nur, was das beherrschende »Angstgefühl« betrifft, an den »Prozeß«, sondern, was das

Motiv angeht, zumindest genauso an die ›Koffergeschichte‹: den »Heizer«. Gides kleine Geschichte verweist dabei auf Kafka wie dessen Geschichte auf Dickens: eine Kette fortgesetzter literarischer Verweise, die eine poetische Traditionslinie schaffen.

Gides Aufzeichnung ist mehr als nur der rasch festgehaltene, im Tagebuch gewissermaßen deponierte Plan einer Erzählung. Sie ist vielmehr selbst Literatur. Sie zeigt, wie ein Erlebnis aufgeschrieben und schon dadurch in Literatur verwandelt wird – noch bevor das Werk entstanden ist, das geplant ist.

Gides Eintrag verrät darüber hinaus, dass auch ihr Autor gelegentlich ›aus nichts als Literatur‹ bestand. Die Erfahrung, die er macht, erkennt er als eine wieder, die ihm schon aus der Literatur bekannt war. Allerdings lebt er nicht die Wiederholung einer literarischen Episode, in der Weise etwa, dass er sie planvoll herbeiführen würde, um Literatur in Leben zu verwandeln. Er begreift vielmehr das Leben von der Literatur her: Sie gibt ihm eine Deutung der Erfahrung vor. Das scheint, wenn nicht ein Trost, so doch wenigstens eine Beruhigung zu sein. Das Gefühl »des Nicht-in-der-Regel-Seins«, wie Gide es zunächst erfährt, mag gemildert werden durch die Erkenntnis der literarischen Reihe, in der er sich befindet. Gide, wenn er über Kafka schreibt, tut das ganz als Schriftsteller.

[19]

Ähnlich tief als Autor – und als Person – hat sich Elias Canetti auf Kafka eingelassen. Canetti hat schon in seinem großen Essay »Der andere Prozeß«, der zu den eindringlichsten Interpretationen der »Briefe an Felice« gehört, immer wieder, durchweg konzis, Kafka charakterisiert. Zu den zahlreichen bedenkenswerten Einsichten gehört etwa die Beobachtung, der »Ton, der bei Kafka durchgeht«, sei »wie klingende Schwäche«, aber gleichwohl nicht Schwäche, sondern der »Klang des Verzichts« (Canetti: Hampstead, 144). In »Die Provinz des Menschen« nennt Canetti die »merkwürdige Verstocktheit« Kafkas »größte Gabe«, die ihn dazu befähigt habe, das »Ketten-Getriebe der Gebote, die von Vätern zu Söhnen immer weiter heruntergereicht werden, zu unterbrechen«. Die »Gebote« würden ihm vielmehr zu »*Bedenken*«. Er hat »Gott der letzten Reste von Väterlichkeit entkleidet. Was bleibt, ist ein dichtes und unzerstörbares Netz von Bedenken, die dem Leben selber gelten« (Canetti: Provinz, 129).

Canetti hat auch, allerdings nicht als einziger, festgehalten, wie die Lektüre der Werke Kafkas einen Leser verändern kann. Eine Wirkung vor allem hat er beschrieben: dass man als Leser Kafkas »bescheiden« (ebd.) werde und dessen Neigung annehme, sich selbst kleiner zu machen.

> Diese unaufhörliche Selbsterniedrigung vor Kafka:
> weil ich wahllos esse? (ich habe mir noch nie Gedanken darüber gemacht, was ich esse)
> weil er sich um eine Genauigkeit bemüht, deren ich unfähig bin? (ich kenne nur die Genauigkeit meiner Übertreibungen)
> weil es sich gezeigt hat, daß ich glücklich sein kann und mich dem nicht entziehe?
> weil ich mich leicht und rückhaltlos mitteilen kann und fühle, wie abscheulich ihm das gewesen wäre?
> weil es ihm nicht gestattet war, ein gutes Haar an sich zu lassen? (ich lebe in einem dichten Fell von guten Haaren)
> weil ich von ihm angesteckt bin und für meine eigene Art des Selbsthasses nun seine eingetauscht habe? (Canetti: Hampstead, 146)

[20]

Als Peter Handke 1979 den Franz-Kafka-Preis erhielt, würdigte er in seiner Rede zur Preisverleihung die Bedeutung, die Kafka für ihn als Schriftsteller hatte. »Franz Kafka«, schreibt Handke, »ist mir Zeit meines Schreiblebens, Satz für Satz, der Maßgebende gewesen«:

> *Dieser Dichter ist unser großer Lehrer, der aber, im Unterschied zu den meisten anderen Menschheitslehrern, etwa den Religionsstiftern und den Philosophen, schon jetzt, wenig mehr als fünfzig Jahre nach seinem Tod, dabei ist, mit seiner Person ganz in seiner friedlichen Lehre aufzugehen: in seiner Kunst, die nichts als eigensinniges, gewissenhaftes, pures Erzählen ist.* (Handke, 156)

Für welches »wir« Handke dabei spricht und was es mit der ›Lehre‹ Kafkas auf sich hat, erläutert er in einem Satz: Es gebe

> *in den Schriften der Völker seit Anbeginn keinen zweiten Text, der den Machtlosen besser dabei helfen kann, in Würde und zugleich Empörung einer als Todfeind erfahrenen Weltordnung standzuhalten, als den Schluss des Romans »Der Prozeß«, wo Josef K., der Held, zum Geschlachtetwerden weggezerrt wird, die höhnisch verschleppte Hinrichtung sogar selber vorantreibt und es dann doch, heroisch triumphierend, unterlässt, den zwei Herren, die über ihn hinweg einander das Messer reichen, die Henkershandlung abzunehmen.* (ebd., 157)

Handke bleibt allerdings bei dieser – eigenwilligen – Interpretation des Romanendes, in der er aus Josef K. einen Helden »in Würde und Empörung« gegen eine »als Todfeind erfahrene [...] Weltordnung« macht, nicht stehen. Trotz dieser Verbeugung vor dem Anwalt der »Machtlosen« versucht er vielmehr, zu zeigen, »wie sich meine Schreib-Versuche von dem Werk Franz Kafkas *unterscheiden* müssen« (ebd.). Für Kafka stelle die Welt »eine bösartige Übermacht« dar, während ihm selbst »die

Schöpfung zuweilen doch schon wieder als eine Herausforderung erscheint, die ich vielleicht, vielleicht sogar auf (meine) Dauer bestehen kann« (ebd.). Deshalb sei er, sich

> *bemühend um die Formen für meine Wahrheit, auf Schönheit aus – auf die erschütternde Schönheit, auf Erschütterung durch Schönheit; ja, auf Klassisches, Universales, das, nach der Praxis-Lehre der großen Maler, erst in der steten Natur-Betrachtung und -Versenkung Form gewinnt.* (ebd., 157–158)

In ihnen erfährt er »die flüchtigen Augenblicke eines ja als Gesetz erfahrenen ANDEREN Lebens« (ebd., 158).

Diese Poetik der schönen Wahrheit und die ihr entsprechende literarische Praxis ist auf Kafka, als Dichter des Schrecklichen und Hässlichen, zunächst in der Negation bezogen. Sein Scheitern bei der Suche nach einer »erfinderische[n] Sprache« empfindet Handke deshalb als »Kafkas Rache!« und Kafka selbst als seinen »Widersacher« (ebd.). Dennoch versucht er, ihn für sein Streben nach »einem sanft nachdrücklichen Seins-Entwurf« (ebd.) einzuspannen. Kafka habe nämlich gleichfalls ein »Erlösungsspiel« (ebd., 159) entwerfen wollen, am Ende des »Verschollenen« mit dem Naturtheater von Oklahoma. Auch das ist wieder eine einigermaßen eigenwillige Deutung, der man sich nicht anschließen muss. Dennoch mag Handkes Bemühung um ›Betrachtung und Versenkung‹ in einer wesentlichen Hinsicht auf Kafka zurückführbar sein.

Zu Beginn seiner Rede erwähnt Handke, dass Kafka ihm »im ungewollten, außerordentlichen Phantasieren« als »anonymer Umriß immer wieder lebendig werde, als Zimmermaler, der nebenan die Wände streicht, als Kranführer in einer gelben Kabine, als am Wegrand sitzender Schüler«. Denn Kafka habe »mit seiner liebevollen Sprache diese Namenlosen wahrnehmbar gemacht und bewegt sich nun wie für alle Zukunft aufmerksamkeitsfördernd mit ihnen mit« (ebd., 156). Das scheint für Handke letztlich »Satz für Satz« das »Maßgebende« an dem detailgenau beschreibenden Kafka zu sein: dass er Aufmerksamkeit fördert, die dann, jenseits seiner Vorstellungen, tatsächlich Augenblicke eines anderen Lebens als des von ihm phantasierten in einer Art religionsloser Mystik aufzuspüren vermag. Auch das ist eine nicht gering zu achtende Wirkung eines Autors – allerdings eine wirklich ›anonyme‹, in der nicht mehr gegenwärtig ist, *was*, sondern nur noch, *wie* er geschrieben hat.

[21]

In der Literatur über Kafka nehmen die Texte eine besondere Stellung ein, die ihn in eine literarische Figur verwandeln, mal nahe an der Realität, mal ganz phantasievoll, ja phantastisch. Sie lassen erkennen, wie sehr neben dem Werk auch die Person zum poetischen Material geworden ist: Gegenstand nicht nur der Reflexion, sondern auch der Imagination anderer Autoren. Sie versucht seiner zu folgen, weicht mitunter aber deutlich von ihr ab und beansprucht dann auch ein eigenes poetisches Recht.

Den Anfang mit der Fiktionalisierung Franz Kafkas hat Max Brod gemacht, vor allem mit seinem ansonsten nicht weiter bemerkenswerten Roman »Im Zauberreich der Liebe« von 1928. Seine beiden Hauptfiguren, die Freunde Christof und Richard, sind leicht erkennbar nach dem Vorbild Kafkas und Brods gestaltet. Einer der Höhepunkte des Romans ist eine Reise der beiden, als erklärter Goethe-Verehrer, nach Weimar. Die Goethe-Verehrung der beiden Freunde steigert Brod allerdings zum Kitsch:

> *Es ist ihnen, als gehörten sie, wenn auch nur im entferntesten, im altrömischen Sinne, zur ›Familie‹ Goethes. Geisterhaft tönt etwas von Goethes Musik in das fröhliche Zusammensein […] in sommerlich grünumlaubte, rosenumrankte Abende an der alten Efeumauer seines Gartens. Er ist da, der königliche Alte, er ist unsichtbar da!*
>
> (zit. n. Brod: Über Franz Kafka, 109)

Mit Kafkas Entfernung von Goethe während der Weimarer Reise hat solche Stilisierung nicht mehr viel zu tun. Milan Kundera hat diesen Roman, vielleicht auch deshalb, lakonisch als einen »Schmarren« bezeichnet und hinzugefügt, dass er »sich ästhetisch genau am Gegenpol von Kafkas Kunst befindet« (Kundera: Vermächtnisse, 42).

[22]

Einen der eigenartigsten Versuche, Kafka in eine literarische Figur zu verwandeln, hat Philip Roth unternommen in seinem hybriden Text »›Immerfort wollte ich, daß ihr mein Hungern bewundert‹ oder: ein Blick auf Kafka« (»›I always wanted you to admire my fasting‹; or, Looking at Kafka«), der Essay im ersten, Erzählung im zweiten Teil ist. Der bemerkenswertere ist der zweite Teil. In ihm erinnert sich der Ich-Erzähler an seinen Hebräisch-Lehrer Dr. Kafka. Diesen europäischen Emigranten, der »Mundgeruch« (Roth, 423) hat und Deutsch schreibt, lernt er 1942 als neun Jahre alter Junge in Newark, New Jersey kennen. Als Dr. Kafka, der immerhin schon 59 ist, zum Abendessen bei der Familie Roth eingeladen wird, verliebt sich Philips altjüngferliche Tante Rhoda in ihn. Sie gehen zusammen aus, er besucht eine Theateraufführung, bei der sie als Laienschauspielerin mitwirkt, zusammen verbringen sie sogar ein Wochenende in Atlantic City. Danach ist alles aus.

Philip und sein Bruder forschen abends im Bett den Gründen nach.

> *»Was?«, flüstere ich. »Was ist denn passiert?«*
> *Mein Bruder, der Pfadfinder, grinst lüstern und gibt keine Antwort und doch genügend Antwort, als er meine Verwirrung mit einem scharf gezischten »Sex!« noch steigert.* (Roth, 436)

Die Geschichte endet, Jahre später, mit der Traueranzeige für Dr. Kafka: »Er wurde siebzig Jahre alt. Dr. Kafka wurde in Prag in der Tschechoslowakei geboren und war Nazi-Flüchtling. Er hinterläßt keine Nachkommen« (ebd., 438). Der Ich-Erzähler fügt noch hinzu: »Er hinterlässt auch keine Bücher: keinen *Prozess*, kein *Schloss*, keine *Tagebücher*. Niemand fragt nach den Papieren, und so verschwinden sie« (ebd., 438–439).

Erstaunlich ist Roths Geschichte durch ihre kontrafaktische Konstruktion: Ein Kafka, der seine Tuberkulose überlebt, vor den Nazis flieht, und zwar nicht nach Palästina, sondern in die USA, der nicht als Jurist, sondern als Lehrer arbeitet, für Hebräisch, und in Newark allein lebt, ohne Familie oder Freunde. Diese Konstruktion, in sich schon unschlüssig, dient dazu, sich einen Kafka vorzustellen, der einem Philip Roth im jüdischen Milieu seiner Kindheit begegnet sein könnte. Wenn es am Schluss heißt: »Nein, es ist Kafka einfach nicht beschieden, je der Kafka zu werden – wie denn auch?« (ebd., 439), dann ist das ebenso richtig – ohne wahr zu sein – wie trivial. Dieser Kafka ist nicht Kafka. Er ist alles dessen beraubt, was Kafka ausmacht. Er ist Philip Roths Kafka: auf sein Maß zurechtgestutzt. Er verdankt sich dem Wunsch, den literarisch und kulturell fremden Autor in das eigene Werk und scheinbar auch in das eigene Leben zu integrieren. Dieser emphatische, darin aber eben auch forcierte Versuch der Aneignung mag auf Verehrung beruhen, bedeutet aber dennoch eine Verkleinerung des Verehrten.

[23]

Die Verwandlung Kafkas in eine literarische Figur muss nicht Ausdruck der Verehrung für ihn sein. Sie kann ihn im Gegenteil, weniger explizit und damit weniger angreifbar als ein Essay, distanziert, selbst kritisch darstellen, wie es der jiddische Nobelpreisträger Isaac Bashevis Singer in einer Erzählung getan hat. »A Friend of Kafka« verzichtet auf die Darstellung oder Wiedergabe einer Lektüre, ja auf jede Auslegung seines Werks, lässt auch Kafka nicht selbst auftreten. Dennoch gilt ihr Augenmerk ihm, allerdings vermittelt, nämlich aus der Sicht eines gemeinsamen Bekannten: eben des Freundes, den der Titel anführt.

Die Geschichte Singers erzählt von den Begegnungen des Ich-Erzählers mit dem jiddischen Schauspieler Jacques Kohn, dessen eigentlicher Vorname Jankel ist. Er gibt sich als ein Freund Kafkas aus, den er bei einer seiner zahlreichen Tourneen in Mittel- und Westeuropas kennengelernt habe, und zwar als Mitglied der jiddischen Schauspielertruppe, die im Winter 1911 auf 1912 in Prag gastierte. Das hat die Interpreten Singers zu der Annahme geführt, Kohn sei niemand anders als Jizchak Löwy.

Der Ich-Erzähler lässt Kohn sich zum größten Teil selbst darstellen, indem er ihn seine mehr oder weniger glaubhaften Geschichten vortragen lässt, besonders ausführlich eine besonders unglaubhafte über seine angeblichen Liebesabenteuer, aber auch eine schwer einschätzbare über einen Bordell-Besuch, zu dem er den noch jungfräulichen Kafka mitgenommen habe. Die Begegnungen mit Kohn datiert der Erzähler auf die 30er Jahre, aber es ist offensichtlich, dass die Erzählung deutlich später geschrieben wurde – erschienen ist sie in englischer Übersetzung zuerst 1968 in The New Yorker –, weil sie Kafkas Berühmtheit voraussetzt. Wer er ist, wird mit keinem

Wort erklärt, weil es offenbar nicht nötig ist. Als Singer die Erzählung schrieb, muss Kafka jedem gebildeten – jüdischen – Leser in den USA bereits ein Begriff gewesen sein.

Singer schafft schon durch die Konstruktion Distanz: Er erzählt nicht von Kafka, sondern eben von einem Freund Kafkas, der von Kafka erzählt. Bezeichnend ist nicht nur, dass dieser Freund ein unverbesserlicher Geschichtenerzähler und Aufschneider ist, sondern auch ein Ostjude, der sich vom Westjudentum angezogen fühlt. Der Erzähler lässt nicht erkennen, dass er diese Anziehung teilt. Über Kafka scheint, auch aus seiner Sicht, alles gesagt zu sein mit dem einen Satz Kohns: »Kafka wanted to be a Jew, but he didn't know how« (Singer, 13). Als Kohn in dem Lokal, in dem sie zusammen speisen, die Schauspielerin Tschissik entdeckt, in die sich Kafka seinerzeit verliebt hatte, und sie ihm vorstellen will, lehnt der Ich-Erzähler kühl ab.

> *»I told her about you. Come, I'd like to introduce you to her.«*
>
> *»No.«*
>
> *»Why not? A woman that was loved by Kafka is worth meeting.«*
>
> *»I'm not interested.«* (*ebd.*, 15)

Diese Geste der Distanzierung ist deutlich: Offenkundig lehnt der Ich-Erzähler jede Verehrung Kafkas, den Kult um seine Person und sein Leben ab. Es ist nicht ohne Ironie, dass gerade der letzte große Vertreter der jiddischen Literatur, die Kafka so fasziniert hat, ihm die – künstlerische – Gefolgschaft verweigert.

[24]

Zur ›Kafka-Literatur‹ gehört nicht nur, was auf die eine oder andere Weise über ihn, sondern auch was in seiner Art oder Nachfolge geschrieben wurde und wird. Diese Literatur folgt ihm durch erkennbare Anleihen – vor allem durch die Übernahme bestimmter Motive, wie etwa des Gerichts oder der Verwandlung, bestimmter Themen, wie der Schuld, schließlich auch bestimmter Verfahren, wie der Verrätselung oder des Gleichnisses, bis hin zu dem Versuch, eine düster-bedrohliche ›Stimmung‹ zu erzeugen, die man mit Kafka gemeinhin verbindet. Solche ›Übernahmen‹ schließen allerdings immer eine Bearbeitung oder Verarbeitung ein: Das ist ihr produktiver Teil. Dass sie nicht immer gelungen sind, verrät schon die Tatsache, dass ein Großteil von ihnen kaum noch den Spezialisten ein Begriff ist. Vieles ist, zu Recht, längst vergessen.

Auch die Literatur in der Nachfolge Kafkas ist von beeindruckendem Ausmaß. Lang ist die Reihe der Werke, die, vorgeblich in seiner Art, von Bürokratien und Schlössern, Prozessen und Prokuristen, Angeklagten und Gerichten, Landärzten und Landvermessern, Ungeziefern und Vätern handeln. Viele Texte geben sich dabei ausdrücklich und umstandslos als Literatur in der Nachfolge Kafkas zu erkennen – so etwa Peter Handkes ungefähr 20 Seiten lange Nacherzählung »Der Prozeß (für Franz K.)« in seinem Prosaband »Begrüßung des Aufsichtsrats« von 1967. Zwei seiner Romanfiguren aus den 70er Jahren tragen, fast genauso deutlich, Namen, die an das Personal Kafkas erinnern: Josef Bloch (»Die Angst des Tormanns beim Elfmeter«) und Gregor Keuschnig (»Die Stunde der wahren Empfindung«).

Ähnlich deutlich in die Nachfolge Kafkas gestellt hat sich zunächst auch Peter Weiss. Wie John M. Coetzee in »Elisabeth Costello« hat Weiss in »Fluchtpunkt« und »Die Ästhetik des Widerstands« von Kafka-Lektüren, und zwar jeweils der Hauptfigur erzählt. Ihnen gemeinsam, bei einigen Unterschieden, ist, dass sie letztlich materialistische Interpretationen der Romane Kafkas entwerfen.

[25]

Literatur in der Nachfolge eines Autors mag immer im Verdacht stehen, abhängig von ihm zu sein und nicht nur der letzten künstlerischen Eigenständigkeit zu entbehren. Im Fall Kafkas ist es ein bedenkenswertes Paradox: dass eine Literatur gerade ihm folgt, der sich selbst, still, aber entschieden, aus jeder Nachfolge gelöst hat. Die Innovation, die seine Entfernung von der Tradition bedeutete, wird durch Imitation wieder eine Tradition, wenn nicht sogar eine Konvention. Dass dies im Fall Kafkas besonders problematisch sei, hat Adorno behauptet:

> *Das Werk, das die Individuation zerrüttet, will um keinen Preis nachgeahmt werden: darum wohl ordnete er an, es zu vernichten. Wohin es sich begab, dort soll kein Fremdenverkehr aufblühen; wer aber so sich gebärdete, ohne dort gewesen zu sein, verfiele der puren Unverschämtheit. Er möchte den Reiz und die Gewalt der Verfremdung ohne Risiko einheimsen.* (Adorno, 315)

Sich in die Nachfolge Kafkas zu stellen, stellt allerdings nicht zuletzt ein ästhetisches Risiko dar. »Unzählige Versuche, wie Kafka zu schreiben (die alle traurige Fehlschläge waren)«, hat Hannah Arendt bemerkt, »haben nur dazu gedient, Kafkas Einzigartigkeit herauszustellen, jene absolute Originalität, für die kein Vorläufer zu finden ist und die unter keinem Jünger leidet« (Arendt: Menschen, 188). In der Tat ist es nicht originell, einen originellen Autor nachzuahmen, ja in dieser Hinsicht verfehlt man ihn notwendig, wenn man ihm nachfolgt.

Der Abstand zu ihm wird so vielmehr gerade unverkennbar. In jedem Fall aber muss ein literarischer Text, der beansprucht, einem Kafkas nachzufolgen, den Vergleich mit ihm aushalten können, in seiner Güte wie in seiner Eigenart.

Das mag lyrischen leichter fallen als epischen oder dramatischen. Tatsächlich scheinen die Gedichte, die an Kafkas Werke anschließen, sich von ihnen weiter und souveräner zu entfernen. Sie können nicht nur, ohne die Bindung an Figuren und Geschichten, mit den Motiven und Themen freier umgehen – sie etwa nur als Ausgangspunkt für eigene Vorstellungen nehmen wie Günter Grass in seinem Gedicht »K. der Käfer«, das Strophe für Strophe frei über die Zeile »K., der Käfer liegt auf dem Rücken« assoziiert. Lyriker können einen anderen Autor und seine Texte auch radikal subjektiv darstellen wie Paul Celan in seinem Gedicht »In Prag«, in dem er Momente aus Kafkas Leben und Werk weniger verschlüsselt, als in seine ganz eigene (Welt-)Wahrnehmung hineinnimmt. Schließlich kann ein Dichter über einen anderen auch in seiner Sprache sprechen und schon dadurch sein Eigenes deutlich gegen ihn setzen wie Lawrence Ferlinghetti im 16. Gedicht seines Zyklus »A Coney Island of the Mind«:

Kafka's Castle stands above the world
Like a little bastille
of the Mystery of Existence
Its blind approaches baffle us
Steep paths
plunge nowhere from it
Roads radiate into air
Like the labyrinth wires
of a telephone central
thru which all calls are
infinitely untraceable (Ferlinghetti, 17)

Auch solche Gedichte machen kenntlich, dass sie Kafka folgen. Aber die Spielräume, die sie sich stilistisch und formal schaffen und die in diesem Fall schon mit der Wahl einer anderen Sprache beginnen, befreien sie von dem Verdacht, nur epigonal zu sein. ›Kafkas Schloss‹ wird in Ferlinghettis Versen vielmehr zum Gegenstand einer poetischen Imagination eigenen Rechts.

[26]

Das gilt, alles in allem, auch für einige Erzählungen und Romane, die auf ihre gleichfalls freie und eigenständige Weise Kafka nachfolgen. Zwei Beispiele, ein europäisches und ein lateinamerikanisches, stehen dafür. Das eine stellt ein Drama von Peter Weiss dar, das andere ein Roman von Mario Vargas Llosa. Für beide ist unter anderem ein Gattungswechsel kennzeichnend: vom Roman zum Drama im einen, von der Novelle zum Roman im anderen Fall. Er geht jeweils einher mit deutlich anders gesetzten thematischen und stilistischen Akzenten.

1975 hat Peter Weiss den »Prozeß«-Roman dramatisiert und sich dabei »so nah wie möglich an den Originaltext« gehalten. Was ihn dazu bewog, scheint, nach seiner Selbstauskunft, vor allem ein technisches Problem der dramatischen Bearbeitung von Erzähltexten gewesen zu sein: »Es ging mir darum, zu untersuchen, auf welche Weise der innere Monolog des Buches, mit seiner traumhaften Realität, in die Konkretion von Bühnenvorgängen überführt werden könnte« (Weiss, 424).

Acht Jahre später schrieb Weiss »Der neue Prozeß«: ein Stück nach Kafka, das man mit einigem Recht auch als ein Stück in der Nachfolge Kafkas sehen kann. Es knüpft gleichfalls an den »Prozeß« an, »beschreitet aber einen völlig anderen Weg« als die Dramatisierung des Romans. »Übernommen sind nur: der Anklang an den ›Prozeß‹ im Titel, die Namen der Figuren und – als Grundmuster – einige der Schauplätze« (ebd.). Die Handlung hat nicht mehr viel mit dem Roman gemein. Josef K. ist, wie bei Kafka, Prokurist, bei Weiss zunächst in der Versicherungsabteilung eines Konzerns. Er wird jedoch von Position zu Position versetzt, bis er schließlich zum Direktor befördert wird – ohne entsprechende Arbeit zu haben. Zu spät durchschaut er seine Lage:

> *Mit seinen Idealen, seinem Streben nach Verbesserungen, seinen Einsichten in die großen, überall stattfindenden Ungerechtigkeiten und Ausbeutungen, ist er von seinen Arbeitgebern ausgenutzt worden: sie haben seinen Humanismus zu ihrem Alibi gemacht.* (ebd., 425)

Am Ende wird K. offenbar bei einem Aufruhr erschossen. Sein Tod erinnert in Details noch an den des Josef K.:

> *Willem und Franz tauchen auf, in lederner Uniform. Sie schlendern auf K zu. Franz stößt ihn mit dem Fuß an. Willem beugt sich über ihn, schüttelt den Kopf.*
> *Sie wenden sich von ihm ab, gehen weiter.*
> WILLEM *Wie ein Hund –*
> *Franz und Willem ab.* (ebd., 407)

Dieses Lehrstück von den Mechanismen des fortgeschrittenen Kapitalismus geht thematisch weit über Kafkas Roman hinaus. Weiss versucht, Josef K. als Arbeitnehmer eines modernen Konzerns realistisch darzustellen, ihn also im Sinn seines anti-kapitalistischen Theaters zu ›konkretisieren‹. Dabei geht es ihm insgesamt darum, »Menschen« zu schildern, »die, unter dem Druck der Zeit, gebrochen sind und in heftige innere Widersprüche geraten« (ebd., 425). Sie sind Opfer des kapitalistischen Systems, auch, ja gerade wenn sie in ihm Karriere machen und vorderhand von ihm profitieren. K verliert nicht nur, etwas plötzlich, sein Leben, sondern auch seine Liebe.

Sein ohnehin schwieriges Verhältnis zu dem ähnlich erfolgreichen Fräulein Bürstner scheitert daran, dass sie zwar »verzweifelt« versucht, »sich den Regeln der kapitalistischen Gesellschaft anzupassen«, aber der in ihr herrschenden »Unterdrückung der Frau« (ebd.) nicht entgehen kann.

Erkennbar setzt Weiss mit diesem Stück, seinem letzten, die sozialistische Lektüre der Romane Kafkas fort, so wie er sie in »Fluchtpunkt« und »Die Ästhetik des Widerstands« beschrieben hatte. Dass sein Stück »Franz Kafka gewidmet« ist, mag »eine ›Reverenz‹« (ebd., 424) sein. Es mag darin aber auch eine Belehrung, vielleicht auch eine nachträgliche für Kafka, stecken: ein Hinweis, wie man »Geschehnisse, wie sie von Kafka konzipiert wurden« (ebd., 425), anders, vielleicht besser verstehen kann, »ohne mystische oder religiöse Obertöne« (ebd.), die er bei Kafka erkennt, dafür mit sozialistischen. Dass »Der Prozeß« dabei weniger Vorlage als Material ist, das neu bearbeitet wird, gehört zur Arbeitsweise von Peter Weiss. In der Nachfolge Kafkas bewegt er sich mit seinem Stück so auf zweifache Weise: an ihn anknüpfend und über ihn hinausgehend, zum Teil wenigstens auch von ihm weggehend.

[27]

Als im starken Sinn produktiver Kafka-Leser, wie Peter Weiss und doch ganz anders, hat sich auch Mario Vargas Llosa gezeigt. Sein Roman »Der Geschichtenerzähler« (»El Hablador«) handelt von einer nach außen verborgen gehaltenen kulturellen Institution indigener Stämme: dem »hablador«. Wie der Ich-Erzähler annimmt, ist er mehr als nur ein »Unterhalter« (Vargas Llosa, 110), übt vielmehr »ein geistiges Führertum« (ebd. 111) durch das Erzählen von Stammesmythen aus. Einen solchen »Geschichtenerzähler« sieht der Ich-Erzähler, zu seiner Überraschung, eines Tages auf Photos in einer Florentiner Galerie – und in ihm wiederum erkennt er, zu seiner noch größeren Überraschung, seinen Studienfreund Saúl Zurata wieder. Das Photo löst die Erinnerung an die Geschichte ihrer Freundschaft aus.

Zurata, Sohn eines osteuropäischen Juden und einer Kreolin, ist durch einen großen violetten Leberfleck auf der rechten Gesichtshälfte entstellt. Ihm verdankt er seinen Spitznamen Mascarita und manche Herabsetzung und Zurückweisung im täglichen Leben. Zusammen mit dem Ich-Erzähler studiert er zunächst in Lima Jura, wendet sich dann aber der Ethnologie zu. Bei Feldstudien lernt er den Stamm der Machiguengas kennen, ein kleines primitives Volk in der Amazonas-Region. Über den richtigen Umgang mit ihm geraten die Freunde immer wieder in Streit. Saúl tritt für das Recht der Indios ein, ihr Leben weiter zu führen, wie sie es gewohnt sind. Der Ich-Erzähler erklärt es zu einer »Schimäre«, es »so erhalten zu wollen, wie sie waren« (Vargas Llosa, 88): »Ihr Primitivismus machte sie vielmehr zu Opfern der schlimmsten Ausplünderungen und Grausamkeiten« (ebd., 89). Die Auseinandersetzungen enden, als Saúl irgendwann verschwindet.

»Der Geschichtenerzähler«, Vargas Llosas komplexester Roman, ist, neben vielem anderen, eine Fortschreibung der »Verwandlung«. Auch Saúl ist ein Kafka-Leser, aber seine Lektüre beschränkt sich offenbar auf dieses eine Werk. »Die Verwandlung« hat er »unzählige Male« gelesen und weiß sie »nahezu auswendig« (ebd., 24). Seinen Papagei nennt er Gregor Samsa, und mit Gregor Samsa vergleicht er auch sich selber. Als er und der Ich-Erzähler über die Sitte primitiver Völker sprechen, Kinder mit angeborenen Gebrechen zu töten, wird er nachdenklich:

»Ich hätte die Prüfung nicht bestanden, Kumpel. Mich hätten sie liquidiert«, sagte er leise. »Man sagt, daß die Spartaner das gleiche getan haben, nicht? Daß sie die kleinen Monstren, die Gregor Samsas, vom Taygetos hinabstürzten, nicht wahr?« (ebd., 34)

Der Roman ist, nicht nur in den Streitgesprächen zwischen den beiden Freunden, dialogisch angelegt. Er setzt zwei Erzählstränge scheinbar unverbunden nebeneinander, deren innerer Zusammenhang jedoch immer deutlicher wird. Der eine Strang besteht aus den Erinnerungen des Ich-Erzählers an die Freundschaft und ihre Umstände, zu denen auch seine eigenen Aufenthalte in der Amazonas-Region gehören; der andere aus den Geschichten des Geschichtenerzählers der Machiguengas, die er offenbar selbst erfindet. In der letzten erzählt er auch von sich: eine Geschichte, die er in einem »schlechten Rausch« wohl geträumt hat.

Ich war ein Mensch. Besaß eine Familie. Ich schlief. Und dann erwachte ich. Kaum schlug ich die Augen auf, da verstand ich, o weh, Tasurinchi! Denn ich hatte mich in ein Insekt verwandelt. In eine Machacuy-Zikade, vielleicht. Tasurinchi-Gregor war ich. Ich lag auf dem Rücken. Da war die Welt größer geworden. Ich bemerkte alles. Diese behaarten, aus Ringen bestehenden Füßchen waren meine Füße. (ebd., 238)

Das Leben um Tasurinchi-Gregor herum geht weiter, ohne dass über seine »Veränderung« (ebd., 240) gesprochen wird. Schließlich verschlingt ihn eine Eidechse, aus deren »Inneren, aus ihrer Seele« (ebd., 243) er nun beobachtet, was außerhalb ihrer geschieht. Das alles sind, wie er sagt, in ihrer (Alp-) Traumhaftigkeit verwirrende »Erlebnisse« (ebd., 244), die er am liebsten vergessen würde, damit sie nicht wiederkehren.

Das Motiv der Verwandlung, wie es der Geschichtenerzähler durchspielt, hat zwei verschiedene Seiten. Er selbst hat sich offenbar verändert. Sein Freund ist überzeugt, dass er »eine Bekehrung erfuhr. In kulturellem und vielleicht auch in religiösem Sinne« (ebd., 27), die seine »Wandlung« (ebd., 29) zum Geschichtenerzähler herbeiführte. Doch den Machiguengas gibt Saúl, der sich in einen der ihren verwandelt hat, den Rat, sich nicht zu ändern. »Bevor ich geboren wurde, dachte ich: Ein Volk muß sich ändern. Die Sitten, die Verbote, den Zauber der starken Völker übernehmen« (ebd. 258). So gibt der Geschichtenerzähler, der sich Tasurinchi-Gregor nennt, seine alte Sicht wieder. Von ihr hat er, nach seiner Verwandlung, Abschied genommen:

> *Wir werden sein, was wir sind, das ist besser. Wer aufhört, seine Pflicht zu tun, um die eines anderen zu erfüllen, wird seine Seele verlieren. Und seine Hülle auch, vielleicht wie Tasurinchi-Gregor, der zur Machacuy-Zikade wurde in jenem schlechten Rausch.* (ebd., 259)

Die Verwandlung, Voraussetzung für seine Selbstfindung, erklärt der Geschichtenerzähler für die Indios zum Schreck- und Drohbild: Ihr eigenes Wesen verlange gerade die unveränderte Fortführung des gewohnten Lebens. In diesem Plädoyer für Entwicklungslosigkeit und Fortschrittsverweigerung steckt unübersehbar ein tief kulturkritischer Zug. Dem Ethnologen ist durch die Begegnung mit einer anderen, rückständigeren Kultur seine eigene fremd, ja zum Problem geworden. Er hat, wie ein Konvertit, die Seiten gewechselt.

Vargas Llosas Roman gehört zu den kühnsten Fortschreibungen der »Verwandlung«. Kühn ist er schon durch die historische und kulturelle Übertragung: die Verwandlung der »Verwandlung« in einen hybriden, vom Geschichtenerzähler konstruierten indianischen Mythos, der die Identität des indigenen Volks durch die Negation stärken und bestätigen soll. Bei aller expliziten und impliziten Kritik an Saúl Zurata ist der Ich-Erzähler dennoch fasziniert von der Rolle des Geschichtenerzählers, der es vermag, Literatur in Mythos zurückzuverwandeln. Indem der Roman von ihm erzählt, macht er selbst aber aus dem Mythos wieder Literatur – in der Hoffnung, dass sie in ihrem größeren, den Mythos einschließenden Reichtum die gleiche gemeinschafts- und sinnstiftende Funktion wie er übernehmen kann.

Der Ich-Erzähler reflektiert diesen Zusammenhang eingehend, und zwar nach beiden Seiten hin, der des Mythos und der der Literatur. Die indianischen Geschichtenerzähler sind es, »die mit dem einfachen und uralten Mittel – Tätigkeit, Notwendigkeit, Wahn – des Geschichtenerzählens das Bindeglied darstellten, das aus den Machiguengas eine Gesellschaft, ein Volk von solidarischen und miteinander verbundenen Wesen machte« (ebd., 112). Zugleich verweisen die Geschichtenerzähler aber auch auf die Bedeutung des Erzählens allgemein, das literarische eingeschlossen: »Sie sind der greifbare Beweis dafür, daß Geschichten erzählen etwas mehr sein kann als bloßer Zeitvertreib«, stellt der Ich-Erzähler »zutiefst« bewegt fest (ebd.). Die Reflexion über das Geschichtenerzählen macht die poetologische Seite dieses interkulturellen Romans aus, der zumindest seinen Ausgang bei Franz Kafka nimmt.

[28]

Eine Zeitlang versicherten manche Autoren wie etwa Wolfgang Hildesheimer in »Lieblose Legenden« gern, oder ließen es ihre Figuren tun, dass sie kein Buch über Kafka schreiben würden, wie es angeblich alle anderen taten. Sich von ihm zu befreien, schien ihnen wichtiger, als sich, nach vielen anderen, ein weiteres Mal mit ihm zu befassen. Der Amerikaner Paul Theroux erzählt sogar in seinem autobiographischen Roman »My other life«, wie er als junger Mann, abgestoßen von der Lektüre der

Tagebücher Kafkas, für sie ein Grab aushob und den Band voll Wohlgefallen mit einem »Plopp« hineinfallen ließ. Viel bewirkt hat dieses unehrenhafte Begräbnis nicht – ebenso wenig wie die Enthaltsamkeitsschwüre anderer.

Die Kafka-Literatur wird auch in unserer Zeit fortgeschrieben, von den unterschiedlichsten Autoren, die manchmal nicht viel mehr gemeinsam haben, als dass sie sich auf Kafka beziehen. David Foster Wallace etwa hat 1998 einen kritischen Essay mit dem Titel »Laughing with Kafka« veröffentlicht, Michael Kumpfmüller 2011 einen realistischen, psychologisch einfühlsamen Roman über Kafkas letzte Jahre: »Die Herrlichkeit des Lebens«. Viele andere Beispiele könnte man noch anführen. Dass die Wirkung Kafkas anhält, ist nicht schwer zu erklären.

Wie bei jedem großen Autor – und jedem großen Philosophen – gibt es auch bei ihm einen »Zug zum Normativen«: zum Normbildenden und Maßgebenden (Jaspers: Die großen Philosophen, 41). Ein Schriftsteller wie Kafka ist in seiner Einzigartigkeit nicht wiederholbar, regt aber zur Nachahmung und Fortsetzung an. Die Literatur – wie der ganze künstlerische Diskurs – über ihn lässt sich als ein fortlaufender, wenngleich nicht unbedingt in sich zusammenhängender Kommentar über seine Persönlichkeit, sein Leben und sein Werk lesen, die Literatur – wie andere Kunst – in seiner Nachfolge wie eine große, an ihn anschließende und durch sein Vorbild angeregte Phantasie, die sich alle Freiheiten nimmt, die der Einbildungskraft zu Gebote stehen. Dass Kafkas Werk und mit der Zeit auch seine Person das eine wie das andere in so ungewöhnlichem Maß hervorgerufen haben, mag mit zeitweiligen Moden zu erklären sein. Mehr aber noch hat es mit der von Goethe beschworenen ›produktiven Kraft‹ zu tun: mit der literarischen Eigenart des Werks, die sich in seiner Rezeption entfaltet.

Vor allem zwei Momente spielen dabei eine Rolle. Kafkas

Texte sind durch ihre schwer auslotbare Mehrdeutigkeit in besonderer Weise der Auslegung bedürftig. In ihrer poetisch-modellhaften Konstruiertheit regen sie zugleich zu weiterer Schöpfung an. Franco Fortini hat das schon in den 40er Jahren erkannt:

> *Der gleichnishafte Charakter seiner Bücher (nicht jener als Dichtung) erfordert einen ständigen Kommentar, der sich nach und nach dem Text selbst zu inkrustieren hätte und mit der Zeit in fortschreitendem Maß einen Teil von ihm bilden sollte – wie es bei so vielen alten Texten und besonders, in der hebräischen Kultur, beim Alten Testament der Fall war. Die Haltung des »Immer-wieder-fragens«, die der Leser und Kritiker der Mehrdeutigkeit des Kafka-Textes gegenüber einnimmt, ist vom Autor vorgesehen und wird von ihm verlangt.* (Fortini, 209)

Die Möglichkeit und die Notwendigkeit eines solchen fortwährenden, ja unausgesetzten Kommentierens kennzeichnet alle Dichtung, die ihren Namen verdient. Kafkas Werk in seiner Deutungsoffenheit mag es besonders fordern und zugleich unabschließbar machen. In jedem Fall ist es aber das, wodurch sein Werk lebendig bleibt und was es erst, in einer weiteren Hinsicht, zur Weltliteratur macht: zu Literatur, die viele Leser überall immer wieder angeht. Die Kommentare der Schriftsteller sind dabei nur der sichtbarste und nicht selten verständigste Teil der lebendigen und Lebendigkeit verleihenden Lektüre.

»Ich bin Ende oder Anfang« (HadL, 121), hat Kafka sich 1918 notiert. Wenn es eine Frage war – eine Frage für ihn –, so ist sie entschieden, und zwar durch die Nachwelt. Kafka war ein Ende. Zunächst kulturell: sofern er einer Welt angehörte, die im europäischen Totalitarismus untergegangen ist, der Welt des deutschsprachigen Prager Judentums vor 1933. Dann aber auch literarisch: weil er wesentlich dazu beigetragen hat, die Macht des realistischen Erzählens, die das 19. Jahrhundert beherrschte, zu schwächen. Kafka ist aber auch ein Anfang: eine zentrale Figur der Moderne, von einer Ausstrahlung, die weit über die Literatur hinausgeht – aber eben in der Literatur besonders wirksam ist und neuen künstlerischen Verfahren, neuen Vorstellungen und neuen Wahrheiten den Weg bereitet hat. Nichts davon hat er geahnt. Nichts davon war vorherzusehen. Es verdankt sich der einzigartigen poetischen Kraft dieses Autors, die, zu Lebzeiten den Lesern weitgehend verborgen, erst nach seinem Tod ihre Wirkung gezeitigt hat.

Literatur

Textausgaben

Kafka

Franz Kafka: Amerika. Roman. Hg. von Max Brod. Frankfurt a. M. 1966.
Franz Kafka: Das Schloß. Roman. Hg. von Max Brod. Frankfurt a. M. 1951. (S)
Franz Kafka: Der Prozeß. Roman. Hg. von Max Brod. Frankfurt a. M. 1946. (P)
Franz Kafka: Erzählungen. Hg. von Max Brod. Frankfurt a. M. 1946. (E)
Franz Kafka: Tagebücher 1910–1923. Hg. von Max Brod. Frankfurt a. M. 1951. (T)
Franz Kafka: Hochzeitsvorbereitungen auf dem Lande und andere Prosa aus dem Nachlaß. Hg. von Max Brod. Frankfurt a. M. 1953. (HadL)
Franz Kafka: Beschreibung eines Kampfes. Novellen, Skizzen, Aphorismen aus dem Nachlaß. Hg. von Max Brod. Frankfurt a. M. 1954. (BeK)

Franz Kafka: Briefe. Hg. von Max Brod. Frankfurt a. M. 1958. (B)

Franz Kafka: Briefe an Felice. Hg. von Max Brod. Frankfurt a. M. 1967. (BaF)

Franz Kafka: Schriften, Tagebücher, Briefe. Kritische Ausgabe. Hg. von Jürgen Born, Gerhard Neumann, Malcolm Pasley und Jost Schillemeit unter Beratung von Nahum Glatzer, Rainer Gruenter, Paul Raabe und Marthe Robert. Frankfurt a. M. 1982 ff.

Franz Kafka: Gesammelte Werke. Zwei Bände. Hg. von Dieter Lamping in Zusammenarbeit mit Sandra Poppe. Düsseldorf, Zürich 2007 und 2008.

Andere Autoren

Adorno, Theodor W.: Aufzeichnungen zu Kafka. In: Ders.: Prismen. Kulturkritik und Gesellschaft. Frankfurt a. M. 1969, 302–342.

Arendt, Hannah: Die verborgene Tradition. Acht Essays. Frankfurt a. M. 1976.

Arendt, Hannah: Menschen in finsteren Zeiten. Hg. von Ursula Lutz. München 1989.

Arendt, Hannah: Vita activa oder Vom tätigen Leben. München, Zürich 2013.

Auden, W. H.: In: Ders.: Prose and Travel Books in Prose and Verse. 2: 1939–1949. Princeton 2002, 110–113.

Begley, Louis: Die ungeheuere Welt, die ich im Kopfe habe. Über Franz Kafka. Aus dem Englischen von Christa Krüger. München 2008.

Benjamin, Walter: Gesammelte Schriften. Unter Mitwirkung von Theodor W. Adorno und Gershom Scholem. Hg. von Rolf Tiedemann und Hermann Schweppen-

häuser. Band II. 2. Werkausgabe Band 5. Frankfurt a. M. 1980.
Borges, Jorge Luis: Inquisitionen. Vorworte. Übers. von Karl August Horst und Gisbert Haefs. Gesammelte Werke. Hg. von Gisbert Haefs und Fritz Arnold. Der Essays dritter Teil. München, Wien 2003.
Breton, André (Hg.): Anthologie des Schwarzen Humors. Deutsch von Rudolf Wittkopf u. a. Hamburg 2001.
Broch, Hermann: Dichten und Erkennen. Essays Band 1. Hg. und eingeleitet von Hannah Arendt. Zürich 1955.
Broch, Hermann: Schriften zur Literatur 1: Kritik. Hg. von Paul Michael Lützeler. Frankfurt a. M. 1975.
Brod, Max: Über Franz Kafka. Frankfurt a. M. 1976.
Brod, Max: Der Prager Kreis. Mit einem Nachwort von Peter Demetz. Frankfurt a. M. 1979.
Camus, Albert: Der Mythos von Sisyphos. Ein Versuch über das Absurde. Übertragen von Hans Georg Brenner und Wolfdietrich Rasch. Hamburg 1980 (1. Aufl. 1959).
Canetti, Elias: Der andere Prozeß. Kafkas Briefe an Felice. München 1969.
Canetti, Elias: Nachträge aus Hampstead. Aufzeichnungen 1954–1971. München 1994.
Canetti, Elias: Die Provinz des Menschen. Aufzeichnungen 1942–1972. München 1972.
Coetzee, John M.: Elizabeth Costello. Acht Lehrstücke. Übers. von Reinhild Böhnke. Frankfurt a. M. 2006.
Ferlinghetti, Lawrence: A Coney Island of the Mind. New York, 23. Aufl. 1968.
Fortini, Franco: Die Vollmacht. Literatur von heute und ihr sozialer Auftrag. Ins Deutsche übertragen von Friedrich Kollmann. Wien, Frankfurt, Zürich 1968.
Friedländer, Saul: Franz Kafka. Aus dem Englischen übersetzt von Martin Pfeiffer. München 2012.

Fuentes, Carlos: Woran ich glaube. Alphabet des Lebens. Aus dem mexikanischen Spanisch von Sabine Giersberg. München 2004.

Gide, André: Tagebuch 1939–1942. Übers. von Maria Schaefer-Rümelin. München 1948.

Haas, Willy: Die literarische Welt. Erinnerungen. München 1957.

Handke, Peter: Das Ende des Flanierens. Frankfurt a. M. 1980.

Jaspers, Karl: Nietzsche und das Christentum. München 1963.

Jaspers, Karl: Die großen Philosophen. Erster Band. München, Zürich, 5. Aufl. 1989.

Kundera, Milan: Die Kunst des Romans. Essay. Aus dem Französischen von Brigitte Weidmann. München, Wien 1987.

Milan Kundera: Verratene Vermächtnisse. Essays. Aus dem Französischen von Susanne Roth. München 1994.

Kundera, Milan: Der Vorhang. Essay. Aus dem Französischen von Uli Aumüller. Mit einem Nachwort von François Ricard. Frankfurt a. M. 2015.

Mann, Klaus: Das Wunder von Madrid. Aufsätze, Reden, Kritiken 1936–1938. Hg. von Uwe Naumann und Michael Törberg. Reinbek b. Hamburg 1993.

Mann, Thomas: Gesammelte Werke in 12 Bänden. Band X. München 1960.

Nabokov, Vladimir: Die Kunst des Lesens. Meisterwerke der europäischen Literatur. Hg. von Fredson Bowers. Mit einem Vorwort von John Updike. Aus dem Englischen von Karl A. Kiewer unter der Mitarbeit von Robert A. Russell. Frankfurt a. M. 1997.

Roth, Philip: Eigene und fremde Bücher, wiedergelesen. Deutsch von Bernhard Robben. Reinbek b. Hamburg 2009.

Proust, Marcel: Tage des Lesens. Drei Essays. Deutsch von Helmut Scheffel. Frankfurt a. M. 1974.
Sartre, Jean-Paul: Was ist Literatur? Ein Essay. Aus dem Französischen von Hans Georg Brenner. Hamburg 1979.
Singer, Isaac B.: A Friend of Kafka and Other Stories. London 1972.
Sontag, Susan: Kunst und Antikunst. 24 literarische Analysen. Deutsch von Mark W. Rien. Frankfurt a. M. 1982.
Sontag, Susan: Krankheit als Metapher. Aus dem Amerikanischen von Karin Kersten und Caroline Neubaur. Frankfurt a. M. 1981.
Urzidil, Johannes: Da geht Kafka. München 1966.
Vargas Llosa, Mario: Der Geschichtenerzähler. Roman. Aus dem Spanischen von Elke Wehr. Frankfurt a. M. 1990.
Wilson, Edmund: Eine ketzerische Ansicht über Kafka. In: Heinz Politzer (Hg.): Franz Kafka. Darmstadt 1973, 205–213.
Weiss, Peter: Werke in sechs Bänden. Sechster Band: Dramen 3. Frankfurt a. M. 1991.

Forschungsliteratur

Zitierte Literatur

Reid, Alastair/Beicken, Peter: Kafka. The Writer's Writer. Conversation with a Writer. In: Journal of the Kafka Society of America 7 (1983), 2, 20–27.
Alt, Peter-André: Franz Kafka. Der ewige Sohn. Eine Biographie. München 2005.
Anz, Thomas: Identifikation und Abscheu. Kafka liest Kierkegaard. In: Manfred Engel/Dieter Lamping (Hg.): Franz Kafka und die Weltliteratur, 83–91.

Anz, Thomas: Franz Kafka. Leben und Werk. München 2009.
Born, Jürgen u. a. (Hg.): Franz Kafka. Kritik und Rezeption zu seinen Lebzeiten 1912–1924. Frankfurt a. M. 1979.
Engel, Manfred: Kafka und die Poetik der klassischen Moderne. In: Ders./Dieter Lamping (Hg.): Franz Kafka und die Weltliteratur, 247–262.
Engel, Manfred/Lamping, Dieter (Hg.): Franz Kafka und die Weltliteratur. Göttingen 2006.
Heller, Erich: Franz Kafka. Autorisierte Übersetzung von Gerhart Kindl. München 1976.
Heller, Erich: Die Welt Franz Kafkas. In: Ders.: Enterbter Geist. Essays über modernes Dichten und Denken. Frankfurt a. M. 1981, 281–330.
Henel, Heinrich: Kafka meistert den Roman. In: Claude David (Hg.): Franz Kafka. Themen und Probleme. Göttingen 1980, 101–120.
Lamping, Dieter: Von Kafka bis Celan. Jüdischer Diskurs in der deutschen Literatur des 20. Jahrhunderts. Göttingen 1998.
Muschg, Walter: Die Zerstörung der deutschen Literatur und andere Essays. Hg. von Julian Schütt und Winfried Stephan. Mit einem Nachwort von Julian Schütt. Zürich 2009.
Pasley, Malcom: »Die Schrift ist unveränderlich«. Essays zu Kafka. Frankfurt a. M. 1995.
Politzer, Heinz: Franz Kafka, der Künstler. Frankfurt a. M. 1965.
Politzer, Heinz (Hg.): Das Kafka-Buch. Eine innere Biographie in Selbstzeugnissen. Frankfurt a. M. 1965.
Politzer, Heinz (Hg.): Franz Kafka. Darmstadt 1973.
Politzer, Heinz: Hatte Ödipus einen Ödipus-Komplex? Versuche zum Thema Psychoanalyse und Literatur. München 1974.

Robertson, Ritchie: Kafka. Judentum, Gesellschaft, Literatur. Aus dem Englischen von Josef Billen. Stuttgart 1988.

Weitere ausgewählte Forschungsliteratur

Baioni, Giuliano: Kafka. Literatur und Judentum. Übers. von Josef Billen. Stuttgart, Weimar 1994.
Binder, Hartmut (Hg.): Kafka-Handbuch. 2 Bände. Stuttgart 1979.
Engel, Manfred/Auerochs, Bernd (Hg.): Kafka-Handbuch. Leben – Werk – Wirkung. Stuttgart, Weimar 2010.
Jagow, Bettina von/Jahraus, Oliver (Hg.): Kafka-Handbuch. Leben – Werk – Wirkung. Göttingen 2008.
Wagenbach, Klaus: Franz Kafka. Bilder aus seinem Leben. Berlin 1983.

Nachwort

Dieses kleine Buch ist keine elementare, an der Chronologie von Kafkas Leben und Werk orientierte Einführung, auch keine ehrgeizige Monographie, die alles zu berücksichtigen versucht, was mit dem Autor verbunden ist oder verbunden werden kann. Es konzentriert sich vielmehr darauf, Kafka als Schriftsteller zu charakterisieren, besonders seine Eigenart als Erzähler und seine Existenz als Autor, jeweils ausgehend von seinem Selbstverständnis. Es präsentiert einen Kafka für Leser, die eine Begegnung mit seinen Texten suchen, bevor sie sich speziellen Deutungen anderer versichern. Dass Kafka zuerst und zuletzt ein großer Schriftsteller ist, dessen gerade von anderen Autoren beschriebener künstlerischer Reichtum immer wieder neu entdeckt werden kann, stellt allerdings die These dieses Buches dar.

Zitiert werden die Texte Kafkas nach der von Max Brod besorgten Ausgabe, nicht weil sie die beste wäre, sondern weil sie die am weitesten verbreitete ist.

Jonas Heß danke ich für Hilfe beim Korrekturlesen.

Mainz, 19. November 2016
Dieter Lamping

Printed in the United States
by Baker & Taylor Publisher Services